한림신서 일본학총서 84

일본론

중국 혁명가 다이지타오가 본 일본

한림신서 일본학총서 84

일본론

중국 혁명가 다이지타오가 본 일본

다이지타오(戴季陶) 지음 · 박종현 옮김

小花

:: 서문

영국의 역사가 웰스는 금년(1928) 봄, 중국의 혁명 활동에 동정을 보이며 서구인에게 경고하는 글을 발표하였다. 거기에서 그는 "서양인의 중국에 대한 이해는 중국인의 서양에 대한 이해에 미치지 못하고 있다. 중국에 대해 안다, 하는 서양인들이란 겨우 선교사 · 상인 그리고 그들을 대변하는 몇몇 신문 기자들에 지나지 않는 데 비해, 중국은 매년 많은 유학생을 서양에 보내 학교 교육을 받게 하거나 그들 사회에 접하게 하는 등 오랜 체험을 통하여 서구 사회를 관찰하고 있으니, 이는 서양의 경우와는 비교가 되지 않는다" 라고 하였다.

이는 타당한 지적으로 서구인은 이를 반박할 수 없을 것이며, 중국인에게는 참으로 듣기 좋은 소리일 것이다. 그렇다고는 하지만 중국인이 쓴 서구에 관한 연구서나 저서를 찾아보면 체계적이고 쓸 만한 것이 아직 없는 것 같아, 나는 웰스의 적절한 논평에 대해 항상 마음속으로 부끄러운 생각을 가지고 있었다.

서구에 대해서는 그렇다 치더라도 지리적으로 인접해 있으며 문자도 그 절반 정도 공통으로 사용하고 있고, 풍속이나 관습에서도 그리 다르지 않는 일본에 대해서는 어떠한가? 유학생의 수로 보자면, 일본에 보낸 유학생이 서구에 보낸 유학생에 비해 수십 배에 이르고 있음에도 불구하고 우리 중국에는 일본에 대해 기술한 쓸 만한 저서 한 권 제대로 없는 실정이다. 이러한 상황을 선의로 해석하면 신중을 기하여 경솔하게 붓을 놀리지 않았다고 말할 수 있을지도 모르나, 나쁘게 말하면 우리 중국 학계에 과학적 연구와 비판력이 결여되어 있음을 여실히 드러내 보이는 결과라고 할 것이다.

다이지타오(戴季陶) 선생은, "나는 지난 10여 년 동안 '일본'이라는 제목 하에 역사적 연구 방법을 통하여 일본의 철학 · 문학 · 종교 · 정치 · 풍속 및 이들을 배양한 원동력에 대하여, 나 자신의 사색과 비판력을 동원하여 한 권의 책으로 만들어 우리 중국인들에게 제시하고 싶은 생각을 가지고 있었다"라고 말한 바 있는데 이 책이 바로 그 결과물인 것이다.

나는 지금으로부터 10년 전, 일본인 동지인 미야자키 도라조(宮崎寅藏)와 가노 나가토모(萱野長知)가 다이지타오의 일본어 실력을 칭찬하며 "다이지타오 선생은 일본어 연설을 우리 일본인보다 잘한다"라고 말하는 것을 들은 적이 있다. 나는 여기에 덧붙여 다이지타오의 『일본론』은 "일본인 자신이 쓴 것보다도 훌륭하다"라는 말로써 이에 응수하여 칭찬하고 싶다. 이러한 칭찬이 나의 독단적 판단인지 아닌지는 결국 최종적으로 독자의 판단에 맡길 수밖에 없다. 그러나 내가 이렇게 말하는 이유는, 이 『일본론』이 일본의 여러 상황을 적절하게 설명하고 있을 뿐만 아니라 그 현상을 낳은 원동력 자체를 해부하여 설명하고 있기 때문이다.

예를 들어 무사도란 일본에서는 매우 보편적인 윤리로서, 영국의 신사도와 같은 것이나 정작 일본인 자신은 그에 대해 별로 깊이 생각하지 않았고 그 연원에 대해서도 확실히 알고 있지 못한 실정인데, 지타오 선생은 이에 대해 다음과 같이 설명하고 있다.

"무사도라는 일종의 주의(主義)는 오늘날의 사고의 틀로 말하자면 애초에는 노예의 도〔奴道〕에 지나지 않았으며, 봉건제도 하에서의 봉록(俸祿)에 대한 보은주의에 지나지 않았다. 그러나 그 후 야마가 소코(山鹿素行)라든가 다이도지 유잔(大道寺友山) 등이 사도(士道) 또는 무도(武道) 등을 내용으로 하는 책을 집필하자, 이를 통해 무사의 관념적 지위가 향상되고 유교 도덕의 옷이 입혀지게 되었던 것이다. … 우리가 여기서 유의해야 할 것은 제도적으로 생긴 무사도라는 명칭이 후에 도덕으로서의 무사도, 또는 더 나아가 신앙으로서의 무사도라는 의미로 사용되었다는 점이다. 이러한 의미가 메이지시대에 이르러 다시 변모되어 도덕이나 신앙으로서의 무사도에 유신 혁명의 정신이 더해지고, 서구사상을 내면에 받아들여 메이지유신시대의 정치 도덕의 기초로 굳어지게 된 것이다. 이와 같이 내용이 확대되고 다시 그 내용이 변형되어 간 과정을 우리는 알아야 한다."

주지하는 바와 같이 메이지유신은 존왕양이(尊王攘夷)의 슬로건에서 시작된 것으로, 일단 막부가 붕괴되자 그후의 정치적 변화가 당초의 예상을 초월하여 진전되어 생겨난 결과였다. 그렇다면 메이지유신의 성공은 과연 천황의 밝은 지혜로 이룩된 것인가? 원훈원로의 노력에 의한 것인가? 아니면 통일의 효과로 이룩된 것인가?

메이지 41(1908)년 '일본문명협회총서'의 하나로 『서구인의 일본관(欧米人の日本観)』이라는 책이 출판된 적이 있는데, 거기에서는 그 점에 대하여 다음과 같이 기술하고 있다.

"대체로 우리는 일본 유신의 성공을 일본 백성들의 천재성에 의한 것으로 생각하기 십상이다. 그러나 사실은 그렇지 않다. 일본의 대비약은 오로지 좋은 지도자를 얻을 수 있었기에 가능했다. 지구상의 어떤 나라를 보더라도 지도자와 민중 간에 지적 능력이나 교육, 사상, 기술에서의 차이가 일본보다 심한 나라는 없다. 그럼에도 불구하고 피지배자가 지도자를 백안시하지 않고,

지도자가 피지배자로부터 신뢰를 잃지 않았다는 것은 오직 지도자가 취한 조치가 타당했기 때문인 것이다. 그들은 당시 세계 어떤 정치가에 비해서도 손색이 없는 대사업을 완수한 것이다."

하지만 이런 논리는 참으로 천박하고 피상적인 견해로, 나는 이 글을 읽는 순간 어쩐지 혐오감을 느끼지 않을 수 없었다.

이에 비해 지타오 선생은 다음과 같이 말하고 있다.

"당시의 일본은 이미 서구의 민권사상이 서서히 들어와 한학사상과 융화해 가던 시대였다. 그리하여 많은 사람이 당시의 비인도적인 봉건제도는 타도되어야 한다고 생각하고 있었다. 이는 여러 가지 환경 조건에 의해 발생한 '자각적인 운동'이었다. … 메이지유신은 한편으로는 막부 정치에 반대하는 왕정통일운동이었으나, 다른 한편으로는 인권의 평등과 자유를 요구하는 운동이기도 했다. … 민권운동이란 일종의 사상 혁명으로 인류 고유의 동정(同情)과 호조(互助)의 본능적 발전이었는데, 서구사상은 이 운동의 지침이 되었다. 이를 단순히 사쓰마(薩摩) · 조슈(長州) 양 번이 무력으로 정치적 지위를 획득하려 했던 사건으로 생각해서는 안 된다. 예를 들어 민권운동의 영수인 이타가키 다이스케(板垣退助)의 사상은 완전히 루소의 『민약론(*Du contrat social*)』에 감화를 받은 것이 아니었던가? 최근 일본의 문화와 제도는 상당 부분을 독일에서 배워 오고 있지만, 일본인에게 국민 의식을 불러일으켜 봉건시대의 계급 통치 의식에서 깨우쳐 계급 전횡의 종법제도를 타파시킨 것은 프랑스 민권사상의 공적이 참으로 컸다. 또한 나는 여러 중요 자료의 검증을 통하여 변증법적 유물론자의 계급투쟁이론이 결코 혁명사 전부에 부합하지는 않는다는 사실을 증명할 수 있었다. 예를 들면 일본이 유신을 계기로 농민 계급이 해방되고 농민으로 하여금 토지의 소유권 및 정치상 · 법률상의 지위를 획득할 수 있게 한 것은, 결코 농민의 자발적인 운동에 의한 것이 아니라 무사 계급에 속한 많은 지사의 계몽과 지도에 의한 것이었다."

이상과 같이 지타오 선생도 일본의 메이지유신이라는 과정에서 지도자의 공적을 모두 부정하려 들지는 않았다. 다만 앞서 거론한 『서구인의 일본관』에서의 천박하고 가소로운 이론과는 달리, 일본에 대한 깊은 이해를 바탕으로 다음과 같이 설명을 계속하였다.

"한 시대의 창조에는 실로 대단히 많은 역사적 요인이 내포되어 있으며, 한두 사람의 힘으로 만들어지는 것은 아니다. 지도자의 인격이나 수완 역시 그 시대를 창조하는 최대 요소 중 하나이다. 시대를 창조한 지도자가 반드시 공을 세운 사람이라고는 할 수 없다. 사상으로 민심을 고무시킨 사람, 지식으로 민중을 각성시킨 사람, 또는 스스로 뛰어난 도덕성을 겸비하여 민중의 신앙과 생활의 목표가 된 사람이 있으며, 강인한 의지로 민중을 감복시켜 민중의 통솔자가 된 사람도 있다. 지 · 인 · 용을 모두 겸비한 성철(聖哲)은 역사 속에서 쉽게 찾아볼 수 없으며, 또한 정치의 변혁기에 이러한 부류의 성철은 종종 변혁의 희생자가 되기도 한다. 그리하여 그는 후대인의 숭앙의 대상은 될지언정 성공의 영예를 자신의 눈으로는 볼 수 없는 것이다."

일본의 유신사에는 사쓰마와 조슈 양 번에 대해 그 공로가 높이 평가 · 기술되어 있다. 하지만 그 내부를 들여다보면, 조슈번 출신의 인물들은 지금에 이르기까지 거의 모두 일본의 당당한 군벌을 형성하고 있는 데 반하여, 사쓰마번의 영수인 사이고 다카모리(西鄕隆盛)는 실패한 영웅이 되어 유신 이전의 위업만이 추도의 대상이 되고 있을 뿐이다. 지타오는 이에 대해 다음과 같이 설명하고 있다.

"한 시대의 역사적 평가란 그리 간단하지 않다. 한 사안에서의 성공이냐 실패냐 하는 것이 절대적인 문제는 아니다. …한 개인의 실패가 오히려 그 시대의 성공의 원동력이 된 경우가 많고, 반대로 개인의 성공이 실은 실패자의 은혜를 입고 있는 경우도 있는 것이다. 최근 10여 년간의 역사를 돌이켜 보면 사이고 다카모리가 좋은 예이다. 그는 비록 실패했지만, 그후 그의 인품은 일본민족의 최근 50년 이래의 정신적 지배자가 되었고 여러 국가적 사업의 시행은 그의 인품의 힘을 빌려 추진되었다. 또한 당시 그를 따라 궐기하여 실패한 도사(土佐) · 히고(肥後) 양 번의 세력은 그 뒤 민권운동의 중핵이 되어, 오늘날까지 그들의 영향은 일본 전체의 기성 정당에 미치고 있다. 한편 사실상 성공한 조슈번은 이미 사이고의 인품에 압도되었을 뿐만 아니라, 여론의 추이에 휩쓸려 자신들의 정책을 제대로 결정할 수 없게 되었다. 역사적 사실을 예로 들어 말하면 사이고의 정한론(征韓論)은 그의 사후 18년 만에 시행되었고, 사후 30년 만에 그 목적이 달성되었다. 만약 메이지 4(1871)년의 단계에서 사이고의 정한론이 통과되었더라면, 일대 재화를 초래하여 일본의 유신 사업은 완전히 파산이 나고 사이고의 인품 또한 그 때문에 제대로 평가받지 못했을 수도 있다."

이 구절은 사이고를 찬양하는 수많은 글의 어느 부분보다 참으로 뛰어난 표현이다. 분명 사이고는 왕정 통일의 시대에 군대를 동원하여 모반을 일으켜 천추의 반역죄를 뒤집어쓰고 죽었다. 하지만 사후 얼마 안 되어 그의 동상이 우에노 공원에 세워져 전 일본 국민의 숭배 대상이 되고 있는데, 일본 전국의 어떤 동상도 이에 필적하지 못한다. 이룩한 공적으로 보자면 이토 히로부미(伊藤博文)가 사이고보다 훨씬 우월하다고 모든 사람이 인정하는 바이지만, 조선인에게 저격을 당한 이토는 도쿄에 세워진 동상마저 무너져 오사카에 옮겨 놓긴 했으나 결국 재건되지 못했다. 이러한 사실은 무엇을 말하는가? 결국 성공한 사람은 사이고이지 이토 히로부미가 아니며, 조슈번의 영수가 누린 영광은 필경 한계가 있었다. 여기에 인용한 다이지타오 선생의 의견에 일본인은 어느 누구도 부인하지 못할 것이다. 다만 그들은 역사를 철저하게 꿰뚫어 보고 말할 수가 없었을 뿐이다.

나는 한 나라의 정치의 득실을 비판하기는 쉽지만 한 민족의 특성을 이해하기는 어려운 일이라고 믿고 있다. 정치는 명료한 흔적을 남기게 마련이어서 그 인과관계는 용이하게 연구되고 비교될 수 있으나, 한 민족의 본질에 대해서는 그 접근이 쉽지 않다. 종적으로는 역사가 그리고 횡적으로는 사회가 얽혀 있으므로, 이를 규명하기 위해서는 다이지타오 선생이 기술한 바와 같이 역사적 고문서를 충분히 읽고 이를 바탕으로 직접 그 사회에 들어가 현지를 체험하고 고찰할 필요가 있는 것이다. 웰스가 서구인은 중국을 알지 못한다고 말한 뜻의 중요성이 바로 여기에 있다. 또한 우리가 상 · 중 · 하 3편에 걸쳐 1천 쪽에 이르는 『서구인의 일본관』을 아무리 읽어도 감명을 받지 못하고 진지함을 느낄 수 없는 것은 바로 같은 이치인 것이다.

자국민이 자기 나라의 민족성을 논할 경우에는 필요한 여러 조건을 외국인에 비해 쉽사리 갖출 수 있겠으나, 여기에는 또 다른 제2의 장애가 발생한다. 그 장애란 외부의 힘에 의해 발생하는 장애는 차치하더라도 자신의 내부로부터 발생하는 장애가 심리적 구속이나 편파적 아집으로 작용하여 쉽사리 타파되지 않는 다는 점이다. 헤겔과 같은 대철학자마저 독일 민족이야말로 신의 최고의 표현물이며 세계의 선민이라는 편견에 빠졌다. 지타오 선생이 이 책에 인용한 요시다 쇼인(吉田松陰)의 『좌옥일록(坐獄日錄)』의 구절 역시 헤겔과 같은 논거에서 출발한다. 다만 양자에 차이가 있다면, 한쪽은 일본 고대 신앙이라는 옷을 두르고 있고 다른 한쪽은 서구 근대 철학이라는 옷을 입고 있다는 점이다. 『대학(大學)』에 "그러므로 속담에 이런 말이 있으니 '사람은 자기 자식의 악함을 알지 못하고 모가 크는 것을 알지 못한다' 하였다(人은 莫知其子之惡하며 莫知其苗之碩이라 하니라)"라는 구절이 있는데, 앞 구절은 자식 사랑에 의한 편견을 지적한 것이고 뒤 구절은 욕심에 의한 편견을 지적한 것이다. 사랑이든 욕심이든 "그 행함에 있어 마음이 그쪽으로 기운다(之其所 … 而辟焉)"의 장애를 타파하지 못하면 바른 비판을 할 수 없는 것이다.

자기 민족을 비판하는 것은 자기 자신을 비판하는 것과 같다. 그래서 근래의 식견 있는 사람들 사이에 진정한 혁명가가 되려면 자기 자신부터 공개적으로 비판할 수 있어야 한다는 말이 있다. 참으로 옳은 말이다. 타인보다 자신을 점검하는 것이 쉽기 때문에 자신을 책망할 때 타인을 책망하는 것보다 더 통절하게 해야 한다. 그러나 실제에서는 종종 그렇지 못한 경우가 많아 안타깝다. 세상의 인정에 밝은 인물이라면 자신을 책망한다는 구실로 실제로는 자기 변명을 늘어놓는 법이다. 작게는 동북 군벌의 영수 장쭤린(張作霖)이 자기 아들 장쉐량(張學良)에게 세상 물정을 모르는 아이라고 질책한 것이나 크게는 모스크바의 공산당 본부가 중국 공산당이나 공산주의 청년단을 유치한다고 질책하는 것 등은 모두 자신을 책망한다는 구실로 자기 자신을 변명하고 변호한 예이다. 일본인이 일본을 비판하여 자기 나라의 단점을 지적할 경우, 스스로를 변호할 수밖에 없으므로 이러한 오류에 빠지게 되는 것이며, 이러한 사정을 우리는 알면서도 양해할 수밖에 없는 것이다.

소식(蘇軾)의 시에 "여산의 진면목을 알지 못함은 단지 이 몸이 산중에 있기 때문이리라(不識廬山眞面目 只緣身在此山中)" 라는 구절이 있는데, 자기 민족을 비판한다는 것은 아마 이와 같은 처지일 것이다. 아전인수적인 해석도 이러한 까닭으로 생긴다. 이 점에 대해서 지타오 선생은 다음과 같이 말하고 있다.

"일본은 섬나라이기에 사상 변화는 당연히 외부로부터의 감화에 의존할 수밖에 없었다. 그들은 스스로 세계적으로 특수한 문명을 창조하지는 못하나 세계의 문명을 받아들이는 일은 잘한다.

그러므로 우리는 일본의 역사를 고찰함에 있어서 이 점을 간과해서는 안 된다. 그들은 발가벗고 아무것도 가지지 못한 민족으로 바다를 건너 섬에 들어와 번식하고 발전하여 토착인을 평정하고, 강대한 부족을 형성하여 여러 토착 및 외래 민족을 지배하고 동화해 나갔다. 이어 그들은 조선 · 중국 · 인도로부터 각종 물질적 · 정신적 문명을 수입하여 완전히 소화함으로써, 자신의 생활에 적응시켜 특성을 만들어 내고 국가 조직을 완성하였다. 그리고 서구 세력이 점차 동쪽으로 밀려오는 시대 풍조를 맞이하자 이 역량을 기초로 하여 서구의 과학 문명을 받아들여 현재의 세력을 구축하기에 이르렀다. 지금은 인구로 보면 독일과 프랑스를 합한 수에 필적하여 동양 민족 중에서는 제일의 선진적 지위를 얻게 되었다. 이상과 같은 것들은 모두 일본의 우월성을 증명하고 있다. 우리는 일본인의 대범하지 못한 행동을 보고 섬나라 근성의 좁은 성격에서 벗어나지 못함을 느끼고, 또한 서구는 숭배하고 중국을 멸시하는 그들의 여러 언행에 접하면 그들에게 공공도덕적 정신이 결여되어 있음을 느끼기도 한다. 그러나 객관적으로 자세히 연구해 보면, 일본이라는 민족은 자부심과 향상심에 있어서 존경할 만하다. 총리(쑨원 孫文)께서도 "한 민족의 생존과 발전이란 자신감이 그 원동력이다"라고 언급한 바 있다. 이는 참으로 중요한 지적으로 일본인의 일종의 '일본 몰입' 정신을 무조건 부정할 수는 없으나, 앞으로는 통용하지 않게 될 것이다."

무릇 역사 속의 한 민족을 비판할 경우에는 그 민족의 선악에 따를 것이 아니라 그 행위의 결과가 어떠했는가에 따라야 한다. 다이지타오 선생은 이 저술에서 전적으로 그러한 태도에서 출발하고 있다. 따라서 그의 입장은 일본에 대한 변호인인 동시에 재판관이며, 더욱이 공평무사하여 뇌물도 받지 않고 어떠한 외부 세력의 압력에도 좌우되지 않는 태도를 취하고 있다. 일본인은 여러 신을 섬기는 민족이라고 말하면서도 그것을 경멸하는 마음을 가지지 않았으며, 일본인은 미(美)를 사랑하는 민족이라고 언급하면서도 결코 과도하게 찬사를 보내지 않았다. 또한 이미 붕괴된 도쿠가와 막부시대가 일본의 민족 정신 배양의 시대였다고 지적하였고, 자살이나 정사(情死)의 사실을 들어 이는 그들의 신앙에 대한 진실성의 표현이라고 말하고 있다. 이와 같은 그의 과학적인 비판 정신을 우리는 높이 평가해야 할 것이다.

얼마 전의 일이다. 다이지타오 선생이 상하이에서 돌아와 나를 찾아왔는데, 그는 나에게 "최근 『일본론』이라는 글을 집필했는데, 오늘은 원고를 가지고 오지 않아 보여 줄 수가 없다"라고 말했다. 몇 년 전 그가 『건설잡지(建設雜誌)』에 발표했던 「일본론」과 비교해 어떠하냐고 묻자, 선생은 도리어 지난번의 「일본론」은 어떠했느냐고 물었다. 그래서 나는, 좋은 글이기는 하지만 너무

주관적인 생각에 치우쳐 일부러 다른 사람을 깎아내리려고 한 듯한 느낌을 받았으며 일본의 장점까지 단점으로 묘사되어 있었다고 말했다. 그러자 선생은 이렇게 말했다.

"동감입니다. 그러나 이번에 다시 쓴 『일본론』은 진지하게 쓴 연구물로서 결코 전과 같은 편견에서 오는 결점은 없을 것입니다. 내일 가져올 테니 읽어 보고 좋다고 생각하면 서문을 써 주십시오."

과연 다음 날 그는 원고를 가지고 왔다. 받아 보니 실로 십수만 자에 이르는 대작이었다. 그가, "『건설잡지』와 『성기평론(星期評論)』에 기고할 때에는 원고 뭉치를 가지고 당신을 찾아와 당신의 의자 뒤에 서서 한 구절씩 원고를 낭독하였고, 읽어 나가면서 서로 의문점을 지적하고 고쳐 나갔습니다. 돌이켜 보면 이는 나에게 참으로 즐거웠던 일이었습니다. 그러나 이번의 『일본론』은 너무 길어서 그렇게 하지는 못하겠습니다"라고 말하여 크게 서로 웃고 말았다.

그가 돌아간 후 나는 하루 종일 이 책을 꼼꼼히 읽어 내려갔는데, 그러는 동안 매우 흥미로워 책에서 눈을 한 번도 떼지 않았다. 이 책은 연구 방법과 구성 면에서 이전의 것과 다를 뿐만 아니라 문장의 표현력도 한층 풍부하였다.

다이지타오의 저작 활동은 대체로 세 시기로 구분된다. 제1기는 『천택보(天鐸報)』에 기고하던 시기부터 『국민잡지(國民雜誌)』에 글을 싣던 시기까지로, 문체가 웅장하고 유창한 점이 특색인데

다만 문장 구사력에서 다소 부족한 점이 있었다. 다음으로 『성기평론』과 『건설잡지』 시대가 제2기로서, 문체를 구어체로 바꾸었기 때문에 글의 핵심이 쉽게 드러나고 조리가 정연하여 군더더기가 없어졌다는 점에서 큰 진전이 있었다. 그리고 제3기에 해당하는 지금의 『일본론』에서는 문장력이 더욱 연마되어 깊은 내용을 명석한 표현으로 구사하여 어색한 흔적이 보이지 않으며, 정확한 이해와 문장의 묘미가 조화를 이루고 있다. 예를 들면 「오늘의 다나카 대장」이라는 제목의 글에서는 세계의 정치 사조까지 넓게 언급하고 있으며, 「신앙의 진실성」이라는 글에서는 자신의 인생관을 피력하는 등 넓은 시야와 사려 깊은 글로 채워져 있다. 또한 「아키야마 사네유키」는 잘 구사된 한 편의 단편소설을 방불케 하며, 「미를 사랑하는 국민」은 시적인 표현이 풍부하다.

『국민잡지』에 글을 쓰고 있을 당시 선생은 나에게 자신의 글재주 부족을 한탄하곤 했으나, 지금은 그러한 걱정이 말끔히 사라졌다. 여기 열거한 글 외에 그의 수많은 명론탁설(名論卓說)은 어느 것이나 국민으로부터 공감을 얻고 청년들에게 생활의 지침을 줄 수 있는 것들이다. 더욱이 다이지타오 선생은 자신의 생각대로 붓을 움직여 쓴 것이지만, '아전인수'적이지도 않으며 '발을 깎아 구두에 맞춘 논리'도 보이지 않는다. 또한 '다른 사람의 술을 빌려 자신의 울분을 삭히는 방법'을 취하지도 않았다. 큰 소리로 대중에게 자기의 글을 낭독하는 형식의 지타오 선생의 저작 방법이야말로 "멋있는 글귀 나오면 함께 감상한다(奇文共欣賞)"(도연명의 「이거移居」) 라는 표현에 어울리는 방법이다.

나는 하루 동안에 얻은 감상을 붓 가는 대로 기술하여 서문으로 독자에게 제시하는 바이나, 아직 다 열거하지 못한 그의 탁론의 각 부분은 독자의 감상에 맡기기로 한다. 물론 이 『일본론』을 소개하려 함은 단지 이 글을 통해 과학적인 비판 방법을 소개하거나 다이지타오 선생의 최근 작풍을 감상하는 것에 있지 않다. 중국인이 왜 일본 문제에 대해 연구할 필요가 있는지에 대해서는, 이 책의 첫 부분에 자세히 설명되어 있다. 내가 그것을 다루지 않은 까닭은 잊어서가 아니라 중복을 피하기 위해서이다. 나는 중국의 청년들이 각성한다면 결코 의화단(義和團) 때와 같은 무식의 아집에 다시는 빠지지 않을 것이라고 믿는다.

1928년 후한민(胡漢民)●

● 후한민 : 1879~1936, 중국의 정치가로 국민당 원로의 한 사람. 광둥성에서 태어나 일본 호세이대학을 졸업하고 1905년 쑨원이 이끄는 중국혁명동맹회에 참가했다. 1928년 난징 국민 정부의 입법원 원장을 지냈으나 1930년 장제스(蔣介石)와 대립하여 국민당 내에서 반장제스 활동을 펼치다 1932년 정계에서 은퇴했다. 『총리전집(總理全集)』을 편찬했다.

:: 차례

1924년 11월 일본 고베를 방문하여 수많은 청중 앞에서 「대아시아주의」 강연을 하는 쑨원(왼쪽)과 일본어로 통역하는 다이지타오(오른쪽). 쑨원은 이 강연에서 서구의 침략주의에 맞서 왕도평화주의사상을 갖고자 호소하며 일본과 중국의 우호를 강조했는데, 강연 이듬해 세상을 떠났다.

쑨원이 강연했던 고베고등여학교 강당에서의 두 사람. 오른쪽이 쑨원이고 왼쪽이 다이지타오이다. 다이지타오는 1911년 쑨원과 처음 만난 이래 비서를 지내며 조력자로서의 역할을 충실하게 해냈고, 때로는 쑨원의 명령으로 일본의 정치인들과 만나 일본 정부의 동향을 살피기도 했다.

일러두기

1. 본문 아래의 각주 가운데 ●표시가 있는 것은 이 책의 텍스트로 삼은 일본어판 원서에 옮긴이 주로 달려 있는 것 혹은 여기에 한국어판의 옮긴이가 좀더 내용을 추가한 것이고, ○표시가 있는 것은 한국어판의 옮긴이 주이다.
2. 본문 가운데 ( ) 속에 원주로 쓰여 있는 것은 이 책의 지은이 다이지타오가 직접 붙인 설명이다.

1. 중국인으로서 일본을 연구할 필요성

중국인으로서 일본에 유학한 사람은 결코 적지 않다. 그 정확한 숫자는 알 수 없으나 대략 10만 명을 밑돌지는 않을 것이다. 그렇다면 그 10만의 유학생이 '일본'이라는 명제에 대해 얼마나 연구했을까? 나는 30년 전 황공도(黃公度)● 선생이 저술한 『일본국지(日本國志)』 외에는 일본을 전문적으로 논한 책을 전혀 본 적이 없다. 또 나 자신도 일본에 관해 체계적인 연구를 한 적이 없으며 저작이라 할 만한 것도 없다. 민국 6(1917)년 『민국일보(民國

● 황공도 : 1848~1905, 청나라 말의 시인이자 외교관. 공도는 자이며 이름은 쭌셴(遵憲)으로, 1877년부터 약 5년간 일본에 머무는 동안 『일본국지』를 집필을 시작하여 귀국 후 1887년 전 40권을 완성했다. 내용은 국통지(國統志), 인교지(隣交志), 천문지, 지리지, 직관지(職官志), 식화지(食貨志), 병지, 형지, 학술지, 예속지, 물산지, 공예지의 12분야로 구성되어 있으며 메이지 10년대의 정세를 종합적 · 구체적으로 기술했다. 우리에게는 『조선책략』의 저자로 알려져 있다.

日報)』에 40일간 글을 연재● 한 적이 있지만, 이 또한 당시의 정국과 일본이 10년에 걸쳐 제창해 온 소위 중국 · 일본 간의 '친선 정책'을 비판했을 뿐 '일본론'이라는 명제와는 거리가 먼 것이었다.

그러나 나는 지난 10여 년 동안 한 가지 소망을 가지고 있었다. 그것은 '일본'을 테마로 역사 연구 방법에 입각하여 일본의 철학 · 문학 · 종교 · 정치 · 풍속 및 이들 각각을 성립시킨 근원에 대해, 나의 사고력과 비판력으로 명쾌하게 해부하고 논리 정연하게 정리하여 중국인들 앞에 보이고자 하는 소망이었다. 그러나 그러한 마음만 가지고 있을 뿐, 나의 역량이 아직 미숙하여 실행에 옮기지 못하고 있었다. 고대 연구 영역에 대한 일본 서적을 그리 많이 읽지 못하였으며, 동방 민족의 언어학에 대해서도 지식이 부족하다. 또한 나는 중국의 역사에 대해 각별히 진지하게 연구한 적이 없으며, 일본의 고서적을 독파해서 연구할 역량도 부족하다. 그리고 근대의 연구 영역에서도 이제까지 나는 일본 사회에 깊이 파고들어 체험을 통한 사회 고찰을 해 볼 여유가 없었으므로, 가치 있는 일본 비판 서적을 저술한다는 것은 현재의 나로서는

● 『민국일보』에~연재 : '일본에 관한 관찰(關於日本的觀察)'이라는 제목의 글이었다. 다이지타오는 2년 후인 1919년 『건설잡지(建設雜誌)』에 「나의 일본관(我的日本觀)」을 발표했다. 이것이 이 책의 1~14장까지의 원형이 되었다.

능력 밖의 일이다.

하지만 십수 년간 갈팡질팡하면서도 극히 피상적이고 단편적인 것이기는 하지만, 느낀 바가 있고 다소 관찰한 것이 있으므로 한 단면을 기술해 보려고 한다. 현재로서는 중국 일반인의 관심이 일본 문제에 집중되고 있는 시기이기도 해서, 그러한 의미에서 의외로 관심을 갖고 있는 사람들에게 도움을 줄 수 있다는 생각에서이다.

일본의 서점에 들러 보면, 일본인이 중국에 관해서 쓴 서적이 대단히 많음을 알 수 있다. 철학 · 문학 · 예술 · 정치 · 경제 · 사회 · 지리 · 역사 각 방면으로 분류되어 무려 수천 종에 이르며, 매월 잡지에 실리는 '중국 문제'에 관한 연구 논문이 수백 편에 이른다. 참모 본부, 육군성, 해군 군령부, 해군성, 농상무성, 외무성, 각 단체 및 회사에서 중국으로 파견되어 오랫동안 머물며 조사하는 사람 혹은 여행 시찰을 하는 인원 등은 매년 수천 명에 이르고 있다. 단순히 근년에 출판된 총서만을 살펴보더라도 한 권이 5백 쪽 이상, 한 질이 10권 이상의 것도 다수에 달하며, 1천 쪽 이상의 대저술조차 100여 권에 달하고 있다. 더구나 일본인은 이미 '중국'이라는 테마를 해부대 위에 올려 수천 번을 해부했으며, 시험관에 넣어 화학적인 검사를 한 것도 수천 번에 이른다.

그렇다면 우리 중국인은 어떠한가. 우리 중국인은 일본에 대해 단지 배척과 반대를 일삼아 왔다. 일본에 대해 연구하지 않았음은 물론이거니와 일본 문자를 보거나 일본어를 듣는 것을 싫어하고 일본인과 만나는 것조차 싫어하는 형편이다. 이는 순전히 '사상의 폐관자수(閉關自守)', '지식의 의화단'이라고 해야 할 것이다.

내가 일본에 유학하던 시절, 학교에 함께 다니던 중국인 친구들은 일본 글과 일본어 공부에 별로 열성을 보이지 않았다. 그 이유를 물으니 그들의 대답은 대체로 두 가지였다. 하나는 일본 글이나 일본어는 별로 소용이 없고 오히려 영어가 귀국 후에라도 유용할 것 같다는 것이었으며, 다른 하나는 일본 문화는 중국 · 인도 · 유럽으로부터 수입한 문명으로 구성되어 있으므로 연구할 가치가 없다는 것이었다. 이 두 가지 생각을 보면, 전자는 실리주의의 폐단에 빠져 있으며 후자는 자대망상(自大妄想)에 빠져 있다고 말할 수 있다.

최근 10년간 일본으로 떠나는 유학생은 이전에 비해서 많이 감소했는데, 이에 따라 일본에 속성반제도는 이미 없어졌다. 그러나 최근 소수이기는 하지만 대학의 문학부 학생 중에는 일본 서적을 즐겨 읽는 사람이 나타나기 시작했다. 그리하여 드물게는 일본의 문학이나 사상을 정리하여 소개하는 사람이 보이게 되었다. 그러나 그들의 관심 대상은 단지 근대의 문학이나 사상에 한정되어 있고, 서술 내용 또한 너무 간단한 소개에 머물고 있다. 비판적 사고를 바탕으로 일본 역사를 정리하고 논평함으로써 나라의 장래를 걱정하는 사람에게 참고가 될 만한 정도의 서적들은 거의 보이지 않는다.

나는 이제부터라도 중국인이 일본 연구에 관심을 기울여야 한다고 생각한다. 일본인의 성격은 어떠한가, 사상은 어떠한가, 풍속과 관습은 어떠한가, 국가 및 사회의 기반은 어디에 있는가, 이러한 모든 점에 대해 연구하지 않으면 안 된다. 일본의 과거를 알지 못하면 일본의 현재가 어떻게 연유되었는지 알 수 없다. 또한 그들의 현재 실정을 알지 못하면 그들의 장래 동향을 추측할 길이 없는 것이다. 고전을 빌려서 말하자면, "나를 알고 적을 알면 백전백승"(『손자孫子』「모공편謀攻篇」)이라는 말처럼, 아무리 그들을 반대하고 공격을 가한다 하더라도 그들을 알지 못한다면 헛수고에 지나지 않을 것이다. 더욱이 학술 · 사상 · 종족의 측면에서 보더라도 일본 민족은 극동에서 중국을 빼면 최대 민족이다. 그들의 역사는 중국, 인도, 페르시아, 말레이시아로부터 조선, 만주, 몽골에 이르기까지 관계를 맺고 있다. 또한 근세 3백년간 세계 문화사에서 중요한 지위를 점하고 있었다. 그러므로 이 문제는 단지 학문 자체만으로 한정해서 보더라도 각 방면에서 전문적으로 연구할 가치와 필요가 있는 것이다. 결코 이를 이대로 방치해서는 안 된다.

나의 일본관에 착오가 있는지 여부는 별개의 문제이다. 다만 많은 사람이 나의 잘못을 지적해 줄 것을 바라마지 않는다. 만약 그러한 비판으로 더욱 가치 있는 저작이 많이 나온다면, 이 졸저도 그 같은 역할을 한 셈이 될 테니 말이다.

2. 신권적 미신과 일본의 국체

지구상의 각 민족이 각기 특수한 자신들의 신화를 가지고 있으며 그것이 역사적으로 커다란 가치를 지닌다. 일본인 또한 자신들만의 미신을 가지고 있었다. 그것은 자신들의 국체, 자신들의 민족이 신에 의해 창조된 존재로 세계 어디에도 유례가 없다는 것이다. 다시 말해 천황은 신의 직계 자손이며 "영구히 하나의 계통으로 하늘과 함께 계속된다(萬世一系天壤無窮)"라는 생각을 가지고 있다. 그후 유럽의 과학사상이 일본에 유입되자, 과학자들은 마침내 미신에서 벗어나 이러한 신화를 과학적 연구 방법을 통하여 새롭게 정리했다.

그러나 이들 중에는 지금보다 한층 더 미신으로 일관하여 이런 신화를 한 치의 거짓도 없는 사실로 인정하는 사람이 있다. 나의 은사 중 가케히 가쓰히코(筧克彦, 1862~1961)라는 일본 법학의 전문가가 있다. 그의 학문은 아주 깊고 섬세하며, 내가 그의 헌법학을 수강할 당시 지극히 진보적 사상으로 평가받고 있었다. 나 개인적으로는 그의 영향을 적지 않게 받았다고 생각된다. 그의 법이론은 법문을 중시하고 이론을 경시하는 당시의 일본 법률학계에서 가히 혁명적 색채를 띠고 있었다. 하지만 차차 미신에 빠지기 시작하더니 근래의 연구 테마는 완전히 신화에 대한 것이 되어 버렸다. 가케히 가쓰히코 선생은 신화에 대한 연구에서는 절대로 실증적이거나 고고학적인 연구법을 사용하지 않는다. 그저 오로지 사색을 통하여 고대로부터 전래되는 신화에 자신의 철학적 해석을 첨가하여 신화를 더 신비한 것으로 만들어 버린다.

들은 바로는 선생은 강의를 하러 법과 대학 강당에 들어가면 강의를 시작하기 전에 먼저 눈을 감고 합장을 한 다음, 자신의 환상 속의 조상신에게 경의를 표하고 강의가 끝난 후에도 똑같이 반복한다고 한다. 그의 가족에 대해 조사해 보니 조부가 신사의 신관(神官)이었다. 그의 미신적 행위는 거기에서 영향을 받아 내려오고 있었던 것이다.

또 하나의 예를 들면, 만몽○을 침략하여 중국을 병합해야 한다고 주장해 온 우치다 료헤이(內田良平)● 같은 사람 역시 아버지가

○ 만몽 : 만주 및 내몽골을 이르는 말.

● 우치다 료헤이 : 1874~1937, 일본의 우익운동 지도자. 메이지 34(1901)년

신관이었다. 그 밖에도 육해군의 군인 중에는 '신권' 및 '신조국가(神造國家)'등 자존·자대·자폐(自閉)의 전설을 믿는 사람이 얼마나 많은지 모른다.

표면상으로 보아 일본에서 가장 번성한 종교는 불교인 것 같지만, 일본 지배 계층의 종교로는 오히려 신교(神教)가 많다. 이 신교의 신도는 극도로 불교를 배척하는데, 그들의 이론은 대개 한퇴지(韓退之)[●]와 같은 부류에 속하며 외래사상 배척을 주장하고 있다. 그러나 불교의 승려는 그다지 신교를 배척하지 않는다. 한편 억지 조화론자가 있는데, 그들은 어느 신은 곧 어느 부처라고 주장한다든가 어느 부처는 어느 신이라고 설명하여 무리하게 조화를 만들려고 한다. 이는 종교의 정치적 위상이나 관계를 나타내는 것으로, 어느 나라에나 이와 유사한 현상은 찾아볼 수 있다. 일본인이 자신들의 국가는 세계에서 유례없는 국가이고 천황은 세계에서 유례없는 통치자이며, 자신들의 민족은 세계에서 가장 우수한 '신선 민족(神選民族)'이라고 맹신하는 이런 종류의 사상은, 모두 신교의 신앙에서 생성된 것이나 실은 그러한 것은 종법

국가주의 단체인 흑룡회를 결성하여 대륙 진출을 주장했으며 한일합병에도 활약했다.

● 한퇴지 : 768～824, 당나라의 문학가이자 사상가로 당송 8대가의 한 사람. 불교와 도교를 배척하고 공자교로 돌아갈 것을 주장했다.

사회(宗法社會)에 내재하는 선조 숭배의 원리에서 유래된 것이라고 볼 수 있다.

가케히 가쓰히코 박사는 다음과 같이 말한다.

"일본의 국체는 세계 어느 나라에도 찾아볼 수 없는 모범 국체로서, 어떠한 시대가 도래하든 결코 타인에 의해 이 국체가 파괴되지 않을 것이다. 일본 국체의 정화(精華)는 예부터 전래된 신도이다. 즉 일본 국가의 권력은 신도 유일신앙의 표현이며, 천황은 곧 최고신의 표현이다. 신을 사랑하고 신을 공경하고 신에 귀의하며, 신에 의해 표현되는 힘이 즉 천황의 대권이다."

이런 사상은 원래 가케히 박사 자신이 만들어 낸 이론은 아니다. 그러나 그는 특이한 법이론 학자 중의 한 사람으로 국수주의적인 인물임에는 틀림없다.

앞에서 서술한 전설은 물론 일본 문자가 존재하기 이전에 생겨난 것이다. 그후 중국 문명과 인도 문명이 일본에 유입되어 외래의 제도와 문물이 일본 문명 형성의 기초가 되었다. 그리하여 일본 국민은 석가에 귀의하거나 공자를 존경하고 숭배하게 되었으며, 점차 문명이 발달하고 조직이 진보하여 국가의 힘 또한 강대해졌다.

도요토미 히데요시(豊臣秀吉)가 나라 안의 군웅을 평정하고 이어서 조선과 싸워서 이기자, 일본의 무공은 여기서 최고의 번성기를 맞이했다. 도쿠가와 이에야스(德川家康)는 도요토미의 패권을 계승한 후, 이를 바탕으로 찬란한 정치 문물을 이루었다. 1천여 년 전 일본에 전래된 인도와 중국의 사상은 이런 과정에서 이미 일본인의 생활과 융화되어 갔다. 이렇게 하여 일본 민족의 자존사상은 마침내 탄생되었다.

이렇게 민족적 자존심이 발흥하는 가운데 야마가 소코(山鹿素行)° 라는 유명한 학자가 나타나 고학파(古學派)° 를 창립했다. 이 고학파는 학문의 내용은 완전히 중국 학문이며, 그 학문은 공자를 직접 계승하고 있음을 표방하고 있다. 그러나 증자 이후의 모든 유가학설에 대해서는 불만을 토로하고 있는데, 한 · 당 · 송의 제가(諸家), 특히 송유(宋儒)° 에 대해서는 통렬한 공격을 가하고 있는 바, 송대의 유가사상은 공자의 길을 파괴하는 이단자라고까지 비판하였다. 그러면서도 그는 중국 학문을 빌려 일본 민족의 중심사상을 만든 것이다. 우리가 그의 저작을 읽어 보면 그의 학

○ 야마가 소코 : 1622~1685, 에도시대 전기의 유학자이자 병학자, 고학파 창시자. 어려서부터 주자학, 병학, 신도 외 다양한 학문을 배웠다. 주자학을 비판하여 아코번(赤穗藩)으로 유배를 가 아코번의 무사들의 교육을 담당하기도 했다(69쪽 참조).

○ 고학파 : 근세 일본 유학의 한 파. 『논어』나 『맹자』 등의 경서를 주자학 · 양명학 등의 해석을 거치지 않고 직접 연구하여 이해하려는 것으로, 야마가 소코가 창시했으며 복고학이라고도 불린다.

○ 송유 : 송나라의 정주학파(성리학파)에 속한 선비.

문은 방법상 · 이론상 한결같이 중국 학문에서 취하지 않은 바가 없으며, 또한 한결같이 공자의 길을 추종하지 않음이 없음에도 불구하고 그 정신에 있어서는 절대 반대임을 알 수 있다. 그들이 고취하고자 하는 것은 신조국가론이며, 군주신권론이었다. 야마가의 사상은 저서 『중조사실(中朝事實)』에 수록되어 있다. 이를 다른 관점에서 살펴보면, 일본의 민간적 신신사상(信神思想)은 한편으로는 중국사상의 영향을 받고 다른 한편으로는 불교사상의 감화를 받았는데, 이것이 일본 통일에 의한 국력 발전에 따라 점차 지방적 색채를 탈피하여 국가적 색채를 띠게 된 것이라고 말할 수 있다. 더욱이 이 새로운 국가색은 종교적 신앙과 문학 · 미술과 융합함으로써 조금씩 우아하고 고상해져서 보편화와 사회성이 부여되었다. 이후에 나타나는 많은 일본적인 색채의 진보는 모두 이러한 시대적 산물이라고 말할 수 있다.

그러면 일본의 전설이란 어떤 것인가. 요컨대 중국의 소위 공자도 언급하지 않은, "반고가 천지를 열다", "여화씨가 돌을 갈아 하늘을 보수하다" 와 같은 황당한 것들이다.○ 여기서 일본의 『고

○ 공자도~것들이다 : 반고는 중국의 천지창조 신화에 등장하는 신이며, 여화는 중국 상고시대 임금 복희의 누이동생이다. 반고는 혼돈 속에서 태어나 몸이 늘어나면서 하늘과 땅으로 나뉘었다고 하며, 여화는 하늘을 바치고 있던 기둥이 무너지자 돌을 갈아 하늘을 막고 거북이의 다리를 잘라

사기(古事記)』 중에 있는 천지개벽의 한 구절을 인용해 보자. 이 한 예로 다른 전설의 내용도 유추할 수 있을 것이다.

하늘의 신들은 이자나기(伊邪那岐)와 이자나미(伊邪那美) 두 신에게 아메노누보코(天沼矛)를 하사하며 바다에 떠 있는 국토를 단단히 만들도록 명하셨다. 이에 두 신은 명을 받들어 아메노우키하시(天浮橋)에 서서 아메노누보코로 아래의 바닷물을 휘저었다. 이자나기가 아메노누보코를 꺼내 보니 그 끝에서 소금이 떨어졌고, 소금이 쌓이고 쌓여 섬이 되었다. 이것이 오노고로섬(游能碁呂島)이다.●

이 전설은, 그 상징하는 바에서 보이는 바와 같이 남녀의 생식관념에서 발생한 것임을 쉽게 알 수 있다. 아메노누보코는 남성의

기둥으로 삼았다고 한다. 공자도 언급하지 않았다 함은 『논어』「술이편」의 "공자께서는 괴이함과 힘으로 하는 일, 어지러운 일, 귀신에 관한 것은 말씀하지 않았다(子不語怪力亂神)" 라는 구절을 말하는 것이다.

● "하늘의~오노고로섬이다"의 『고사기』 원문
是に天つ神諸の命以ちて、伊邪那岐命、伊邪那美命、二柱の神に、「是の多陀用弊流國を修め理り固め成せ。」と詔りて、天の沼矛を賜ひて言依さし賜ひき。故、二柱の神、天の浮橋に立たして、其矛を指し下ろして書きたまへば、塩許々袁々呂々邇畫き鳴して引き上げたまふ時、其の矛の末より垂り落つる塩、累なり積もりて島と成りき。是れ游能碁呂島なり。

생식기를 상징하는 것이다. 따라서 이 이야기는 남녀의 교합에 의해 만물이 생성됨을 나타낸 것이다. 고대사상 중 이런 종류의 신앙을 가지고 있는 민족은 많다. 특히 남계(男系) 가족제도가 확대함으로써 통치 조직이 태어난 일본의 경우 극히 자연스러운 현상이며 전혀 기이한 것이 아니다.

3. 황권신수사상과 시대적 변화

중국은 공자시대에 들어서 봉건제도가 점차 붕괴되어 갔다. 또한 교통의 발달과 상공업의 진보에 따라 낡은 국가 관념이 타파되어 간 반면, 인류 동포의 세계사상이 생성되었고 군주신권사상이 소멸되었으며 평민사상과 평천하사상이 유행하였다.

반면 일본은 현재에 이르러서도 아직 군주신권사상에서 완전히 벗어나지 못하고 있다. 물론 근대 과학 문명의 발전이라는 면에서 보면 일본의 학문은 중국에 비해서 훨씬 진보되었으나, 그것은 불과 최근 50년 내지 60년 전의 일에 지나지 않는다. 유럽에서 전래된 과학 문명과 중국 · 인도에서 유입된 철학과 종교사상을 빼고 나면, 일본 고유의 사상은 유치하다고 하지 않을 수 없다. 그러나 이것은 일본의 수치가 아니다. 오히려 그 유치한 점이야말로 그들에게 분발의 계기로서 작용되어 진취적인 정신과 발전의 동력으로 배양되었기 때문에 결코 미개의 상징이라고 볼 수 없다.

일본은 섬나라이며, 문화사적으로 보면 역사도 비교적 짧다. 그들의 부족 생활 형태는 무사 정치가 출현하면서 붕괴되기 시작하였고, 도쿠가와시대에 이르러서야 통일적인 봉건제도가 이루어졌다. 즉 도쿠가와시대에 현재의 통일적 민족 국가의 기초가 만들어진 것이다. 따라서 사회 발전사의 측면에서 보면, 일본의 유신은 마치 진(秦) · 한(漢)의 통일에 비길 만한 것이다.

천황의 대권과 보위는 천신으로부터 전수된 것이라는 신권사상은, 일본 통치 계급의 지배적인 사상이다. 이는 독일의 카이저○가, "나는 천사이고 독일 민족은 하늘이 선택한 민족이다" 라고 한 것과 같은 차원의 황당한 논리이다. 그들 군인이나 귀족이 자신들의 지위가 전통에 기반을 두고 있으므로 부족시대의 전설적인 미신을 신봉하는 것은 당연하다. 이상이나 지식이라는 측면에서 이런 관념을 이미 타파해 버린 사람이 없는 것은 아니지만, 자신들의 계급적 특권을 유지하기 위해서인지는 몰라도 굳이 이러한 신화를 부정하는 사람은 거의 없다. 더구나 봉건시대 이래 오늘날에 걸쳐 살고 있는 70~80세의 노인들의 뇌리에 남아 있는 것은 그저 봉건시대의 이야기뿐이어서, 이런 미신 외에 자주적인 판단력이

○ 카이저 : 1859~1941. 카이저는 독일 황제의 칭호이나, 흔히 빌헬름 2세를 가리키는 말로도 사용된다. 그는 독일 황제이자 프로이센 왕으로 왕권신수설의 신봉자였다.

없음은 물론이다. 그러므로 이를 이상하게 여길 필요가 없다. 다만 오늘날과 같은 시기에 일본 정치의 지배권을 이런 부류의 사람들이 잡고 있다는 사실은 위험천만한 일이라 하지 않을 수 없다.

신비사상이, 일본 상고시대 국가 관념의 근원이 되었던 것은 그리 기이한 일이 아니다. 이어서 중세에 이르러 중국의 유가사상과 인도의 불교사상이 보급되자, 편협한 종교 국가의 관념은 점차 약화되어 갔다. 그후 일본인은 중국 문명을 음미하고 소화하는 힘이 향상됨에 따라 중국과 인도의 문명을 융합하여 독자적인 일본 문명을 만들게 되었다. 그리하여 통일적인 민족 문화가 하나의 규범을 구비하는 단계에 이르러 당연히 사상의 독립을 달성하게 되었는데, 여기서 신권설은 다시 한 번 성행하게 되었던 것이다.

앞서 살펴본 바와 같이 야마가 소코가 중국의 학설을 채용할 때 공자만을 추종하고 존중하며 한나라 이후의 학설을 이단으로 간주했던 점에서, 그들의 복고 정서에 내재되어 있는 창조 정신을 찾아볼 수 있다. 또한 이미 그 사상의 범위는 매우 확대되어 있었다. 이전에는 단지 일본이라는 섬나라 안에서만 주장되고 있던 신권설이 야마가 소코의 시대에 이르자, 일보 전진하여 세계를 향해 일본의 신권을 주장하게 된 것이다. 일본의 메이지유신은 이른바 신권사상의 현대화였으며, 따라서 그들은 이를 왕정복고라고 자칭하고 있는 것이다.

이렇게 왕정복고를 주창한 학자들은 각 방면에 많이 있었는데, 그중에서도 한학자의 힘이 가장 컸으며 특히 야마가 소코 사상의 흐름을 이어받은 고학파가 최대의 추진력이었다. 그러므로 소코 학파에서 배출한 인물 중 요시다 쇼인(吉田松陰, 1830～1859)의 저작을 살펴보면, 일본 유신사의 정신사적 의미가 어디에 있는지를 확실히 알 수 있다. 그의 『좌옥일록(坐獄日錄)』에 이 같은 구절이 있다.

"황통이 면면히 이어져 이를 천만세에 전하여 변함이 없는 바, 이는 결코 우연이 아니다. 황도(皇道)의 기본이 여기에 있다. 태초에 아마테라스오미카미가 세 가지 신기(神器)를 공손히 받을 때 맹세하여 말하기를 '황통의 융성이 나라와 함께 무궁할 것이다' 라고 했다. 중국이나 인도가 어떠한 나라인가, 그들의 황통이 어떠한지는 그들 자신도 잘 모른다. 다만 우리 일본 황통의 운명은 천지와 함께 무궁할 것이다."○

○ "황통이～것이다"의 원문

皇統綿衲として之を千萬世に伝え、而して易ふること能はぢるは是れ決して偶然に非るなり。「皇道」の基本即ち是に在り、初め天照皇大神の三種の神器を瓊々杵尊に授け給へる時、御誓を発せられて曰く「皇統の興隆、以て天壤と共に窮り無かる可し」と。支那及び印度が如何なる国家なるか、彼等の皇統や如何、是れ彼等の知るとこに非ず、ただ日本皇統の御運命は天地と共に窮り無きなり。

요시다 쇼인과 동시대의 유명한 학자로 후지타 도코(藤田東湖)° 가 있다. 그 또한 신권을 일본 민족사상의 중심에 두고 "천지의 발원, 인류의 근본은 천신(天神)이다" 라고 역설했다.

도쿠가와시대 말기의 유명한 역사가이자 한문학자이며 『일본정기(日本政記)』와 『일본외사(日本外史)』의 저자인 라이 산요(頼山陽)° 는 사상 계통이나 학문 계통에서 비교적 순수한 유학자였는데, 그러기에 그는 일본의 역사를 기록하면서 진무천황(神武天皇) 이후부터 기술할 정도였다. 하지만 그도 결국은 무슨무슨 가미(神), 무슨무슨 미코토(命)° 의 계통표를 책의 첫머리에 실어 놓고 있다. 이렇게 함으로써 굳이 증명되지 않은 태고의 황당무계한 사실을 말살하려 하지도 않았을 뿐만 아니라 이런 기술에 대해서 어떤 학문적 비판도 하려 하지 않았다. 일본의 유신 성공은 라이 산요가 저술한 글의 힘에 힘입은 바가 크며, 후지타 도코 또한 유신 전에 학술적 · 사상적으로 여론을 고무시킨 대학자였지만, 그

○ 후지타 도코 : 1806~1855, 에도시대 말기에 활약한 미토번의 정치가이자 미토학(水戶學)의 학자.

○ 라이 산요 : 1780~1832, 에도시대 후기의 역사가 · 양명학자. 그의 저서 가운데 『일본외사』는 무가시대사로서 막부 말기 존왕양이운동에 커다란 영향을 미쳤으며, 『일본정기』는 이토 히로부미의 애독서였다고 한다.

○ 무슨무슨~미코토 : 가미는 신이라는 의미이며, 미코토는 신이나 귀인의 이름 뒤에 붙는 높임말이다.

럼에도 그들의 사상은 이와 같은 것에 지나지 않았던 것이다.

이제까지는 일본 민족사상에 관한 나의 견해를 밝힌 것이다. 일본인의 국체 개념은 대개 위에서 언급한 신권적 민족사상에서 유래된 것이다. 일본은 도바천황(鳥羽天皇, 송나라의 휘종 시기에 해당—원주)시대에 전국의 병권이 미나모토(源)·다이라(平) 두 성씨에게 돌아간 이래 각 부족이 어지럽게 난립하고 조직은 산만하며, 문화적으로나 무력적으로나 낙오되어 있던 일본 열도는 군웅할거의 봉건 세계가 되었다. 그후 수백 년이 지나 도요토미에 이르러서 나라 안의 쟁란은 평정되었다. 도쿠가와는 이를 이어받아서 무력을 바탕으로 문치(文治)를 시행했다. 이로써 일본의 제도와 문물은 점차 완비되어 갔다. '구니(國)'라는 문자는 당시 단순히 번(藩)의 뜻으로 해석되었으며, 오늘날 국가로 불리는 것과는 달랐다. 사회 계급도 봉건제도가 완성되어 감에 따라 일종의 명확한 횡적인 차이를 만들어 냈는데, 이를 이용해서 종적 분업 사회를 지배하여 왔다. 이 제도는 1869년 메이지시대에 들어서야 폐지되었다. 문명의 관점에서 보면, 봉건시대는 확실히 일본이 대진보를 이룩한 때라고 할 수 있다. 즉 유신 이후 학문, 사상, 정치, 경제 등의 기초는 모두 이때에 만들어진 것이다.

오늘날 일본인이 존재하는 까닭은 바로 이러한 4백~5백 년의 노력의 산물이라고 하겠다. 왜냐하면 당시의 번들은 무력으로 경쟁했을 뿐만 아니라 문치에서도 경쟁에 힘썼으며, 문학이나 무예에 빼어난 학자가 있으면 각 번주(藩主)는 다투어 이들을 초빙하여 가신 또는 객경(客卿)° 으로 삼았기 때문이다. 또한 가신의 자제를 문무를 갖춘 인재로 양성하여 오랫동안 번의 호위를 맡도록 했다. 무사들 또한 그 번주의 권력이 팽창하여 토지가 확장됨에 따라 그들 자신의 수입도 증가하기 때문에 이를 환영했다. 왜냐하면 번주는 대지주이며, 농민은 대지주의 농노이고, 무사는 대지주 개인을 위해 가산을 관리하고 외적으로부터 방어하는 하인이었기 때문이다.

'사무라이'라는 말은 분명히 시종(侍從)이라는 의미이며, 흔히 게라이(家來)°라 함은 이 때문이다. 그러므로 이러한 사실로 볼 때, 무사도(武士道)라는 일종의 주의(主義)는 오늘날의 사고의 틀로 말하자면 애초에는 노예의 도〔奴道〕에 지나지 않았으며, 봉건제도 하에서의 봉록(俸祿)에 대한 보은주의에 지나지 않았다. 그러나 그후 야마가 소코(山鹿素行)라든가 다이도지 유잔(大道寺友山)• 등이 사도(士道)또는 무도(武道) 등을 내용으로 하는 책을 집

○ 객경 : 다른 번 출신의 대신.

○ 게라이 : 가신, 종자, 하인을 이른다.

● 다이도지 유잔 : 1639~1730, 에도시대의 무사. 야마가 소코에게 사사했으며 히로시마번, 아이즈번 등에서 군학을 강의했다. 중하급 무사의 자제를 위한 무사도 입문서인 『무도초심집(武道初心集)』 등의 저서가 있다.

필하자, 이를 통해 무사의 관념적 지위가 향상되고 유교 도덕의 옷이 입혀지게 되었던 것이다. 다시 말하면 무사도 최초의 본질은 결코 논리 정연하고 높은 이상에서 나온 것이 아니며, 특별히 진보한 제도도 아니었음은 말할 나위 없다. 이는 봉건제도 하에서 필연적으로 발생한 하나의 습성에 지나지 않았다.

우리가 여기에서 유의해야 할 것은 제도적으로 생긴 무사도라는 명칭이 후에 도덕으로서의 무사도로, 또는 더 나아가 다시 신앙으로서의 무사도라는 의미로 사용되었다는 점이다. 이러한 의미가 메이지시대에 이르러 다시 변모되어 도덕이나 신앙으로서의 무사도에 유신 혁명의 정신이 더해지고, 서구사상을 내면에 받아들여 메이지유신시대의 정치 도덕의 기초로 굳어지게 된 것이다. 이와 같이 내용이 확대되고 다시 그 내용이 변형되어 간 과정을 우리는 알아야 한다.

봉건제도 하에서 무사 계급은 사회 조직의 중견이었다. 위로는 구교(公卿) · 다이묘(大名), 밑으로는 농민 · 상인에 이르기까지 모든 사회 체계 중에서 무사는 전체 사회를 적절한 생존과 발전으로 유지시켜 나가야 할 책무를 지고 있었다. 따라서 한편으로는 명교(名敎)와 종법(宗法)의 특색을 보존하고는 있지만, 단순히 명교와 종법만으로는 결코 사회생활의 안정을 유지하고 윤택함을 가져올 수 없기 때문에, 다른 한편으로 세간의 습속과 인정을 겸비하지 않으면 안 되었다. 그리하여 고상한 무사 생활은 '피와 눈물의 무사 생활'로 변신되었다. 피는 주가(主家)에 대한 희생이며, 눈물은 백성에 대한 연민이다. 우리는 도쿠가와시대의 무사도에 얼마나 생활적 정취가 풍요롭게 담겨 있었는가를 알아야 비로소 무사 계급이 유신의 주요 원동력이 된 이유를 알게 되는 것이다. 이는 일본을 연구하는 데 반드시 유의해야 할 점이다.

4. 봉건제도와 불교사상

지금부터 60년 전만 해도 일본의 봉건적 사회계급제도는 지금의 우리가 상상조차 할 수 없는 정도로 엄격했다. 중국의 유교사상과 불교사상이 오래전부터 전래되어 있었다고는 하지만, 지극히 평화적 종교인 불교도 일본에 들어와서는 봉건시대의 세태에 따라 강성 종교(强性宗教)로 변질되었다. 종파 싸움이 전쟁으로 이어지기도 하고, 한 종파의 가르침을 지킨다는 명목으로 전쟁을 하기도 했다. 승려들 스스로 사무라이의 기질을 가지고 있었다.

불교는 사람을 사랑하고 사물을 사랑하는 무저항 정신을 지향하는 종교임에도 불구하고, 봉건시대에는 일변하여 희생적 전투 정신이 깃들게 되었던 것이다. 내적(內賊)을 없애는 수단인 나한도(羅漢道)가 외적을 죽이는 데 이용되어도 무사도와 전혀 충돌하지 않았다. 천(天) · 용(龍) · 팔부(八部) · 인비인(人非人)의 관념●이 계급제도에 적용되자, 사회 계급 존속에 대한 정당성을 제공하는 근거가 되었다. 여기서 알 수 있는 바와 같이 종교적 제도와 사상의 변천은 사회의 요구에 따라 변하는 것으로, 동일 종교라 하더라도 장소와 지배 계급의 차이에 따라 그 사상과 제도가 달라진다.

일본어 속에는 불교 용어에서 유래하는 말들이 많이 있는데, 본래의 의미와는 완전히 상반되는 의미를 가지는 것이 매우 많다. 싸우면서 상대방을 욕할 때 사용되는 '지쿠쇼(畜生)', '가쿠고시로(覺悟しろ)'○라는 말이 대표적인 예이다.

일본의 순수 문학 속에는 불교의 영향이라 생각되는 소재들이 매우 많다. 원래 일본은 중국 문화를 흡수할 때 많은 부분이 불교를 매개로 전래되었는데, 초기에 중국으로 간 유학생 가운데 열에 아홉은 승려였기 때문이다. 그들은 중국의 문자를 빌려서 일본어를 기록하려고 가나(假名)를 만들었다. '가나'라는 이 단어는

● 천~관념 : 불법을 수호하는 천 · 용 · 야차(野叉) · 건달바(乾闥婆) · 아수라(阿修羅) · 가루라(迦樓羅) · 긴나라(緊那羅) · 마후라가(摩睺羅迦)를 가리켜 팔부중이라고 하며, 이 가운데 천과 용만 취하여 천룡팔부라고 부른다. 인비인이란 사람같이 생겼으나 사람이 아닌 것을 말하는데, 팔부중 전체를 가리킨다는 주장과 긴나라를 가리킨다는 주장이 있다.

○ '지쿠쇼', '가쿠고시로' : 지쿠쇼는 '짐승 같은 놈'이라는 의미이고, 가쿠고시로는 '각오해'라는 의미이다.

의미심장하다. 게다가 최초로 만들어진 「이로하 노래(伊呂波歌)」는 이른바 순수한 불교의 제행무상사상(諸行無常思想)의 한 표현이었다. 그 문자 배열의 교묘함은 실로 칭찬할 만하다. 더욱이 일본인의 음식물을 보면 그들이 중국으로부터 제조법을 배워 온 식품들은 모두 승려들이 늘 먹는 것이었다. 두부 · 유부 · 낫토(納豆)° · 쓰케모노(漬物)° · 밀기울 식품 등이 그러한 것들인데, 현재의 일본인은 그 유래조차 이미 잊어버리고 이를 일본의 특산물이라 생각하고 있으며, 일본에 온 중국인들 또한 이것들의 내력을 잘 모르는 사람이 많다. 그러나 이러한 것들은 확실하고도 명백하게 승려에 의해 중국에서 수입된 문화이다.

우리는 민간 문학이나 귀족 문학에서도 불교와 관계를 지닌 사례들을 찾아볼 수 있다. 즉 일본에서 가장 오래된 노가쿠(能樂)°는 신교와 밀접한 관계를 갖고 있으며, 그후에 일어난 요코쿠(謠曲)°의 소재는 대부분 불교의 고사전설에서 취해진 것이다. 그러나 일본인의 불교사상은 어느 면으로 보나 중국 것과 다르다는 사실을

○ 낫토 : 삶은 메주콩을 볏짚 꾸러미나 보자기 따위에 싸서 더운 방에서 띄운 것으로, 우리나라의 청국장과 비슷하다.

○ 쓰케모노 : 채소를 소금, 된장, 간장, 식초 등에 절인 저장 식품의 총칭.

○ 노가쿠 : 일본의 대표적인 전통 예술의 하나로, 중세에 발전한 가면 음악극이다.

○ 요쿄쿠 : 노가쿠의 사장(각본)에 가락을 붙여서 부르는 노래.

알 수 있다. 즉 일본의 불교는 귀족들 사이에서는 확실히 적극적인 희생정신을 많이 내포하고 있으며, 민간에서는 세속화된 면이 많으나 고행을 준수하며 고적함을 특색으로 하는 중국 불교와 비교하면 커다란 차이를 발견할 수 있을 것이다.

인도의 불교가 중국을 경유하여 일본에 전해진 후 전개된 일본불교의 역사는 세 시기로 구분된다. 제1기는 신불 대립의 시기이다. 일본인의 고유 신앙은 신교였다. 신교란 이른바 종법 사회 내에서는 당연히 발생될 수 있는 조상숭배 신앙이다. 그러므로 신을 숭배하는 이 사상은 본래 대단히 유치한 것이었다. 그러나 부족의 권력이 점차 확대되어 모든 부족이 하나의 민족으로 통일되자, 당연히 그것을 조화시키는 이론과 조직적 체제가 필요해졌다. 일본 문화는 중국 문화가 유입되고부터 비로소 통일과 조직의 방법을 가지게 되었다. 그리하여 중국의 경천(敬天), 경신(敬神), 경귀(敬鬼)의 사상은 신교의 내용을 충실하게 하는 데 적지 않게 도움을 주었다.

그런데 이 시기에 중국의 불교 문화와 중국의 도덕 문화가 동시에 유입되었다. 그중 불교의 유입 쪽이 한층 중요한 지위를 차지했는데, 이 두 개의 서로 다른 사상이 정치적인 면에서나 사회적인 면에서 쉽게 조화될 수 없었던 것은 당연한 일이다. 한쪽은 세계의 무차별 · 평등을 창도(唱導)하고 다른 한쪽은 친족 간의 친소 관계를 구별하자는 것이어서, 한쪽이 원친평등(冤親平等)을 주장하는 데 반해 다른 한쪽은 이름을 바르게 하고 신분을 정리하며 예를 갖추고 형(刑)을 무겁게 하는 것이었다. 어쩌면 당시의 신불 두 종교의 마찰은 수출국인 중국에서 이미 최대의 문젯거리였는데, 수입국인 일본이 쉽게 조화를 이룰 수 없었던 것은 당연하다.

그러나 시간이 흐름에 따라 사회적 필요에 의해 조화를 이끌어낼 여러 방법을 생각해야 했다. 그래서 '역사적으로는 뒤졌으나 문화적으로는 앞선 불교'는 지극히 심오한 경전을 재해석하여 본지수적설(本地垂迹說)을 만들어 냈던 것이다. 현실의 세력 관계에서 보면, 신도 신자들을 불사(佛寺)로 끌어들이기 위해서는 일의 순서상 먼저 불교 신앙을 신도의 위력 아래에 항복시킬 필요가 있었다. 즉 "어떠어떠한 신은 어떠어떠한 보살의 권현(權現)이다"라는 일종의 혼합 신앙이 생겨나게 된 것이다. 그 이후를 제2기라 한다.

만약 일본인이 약했거나 혹은 주위에 불교 신앙이 강한 대국이 있었다면 신교 신앙은 곧바로 전멸되었을지도 모른다. 그러나 주위의 정황은 그렇지 않았으며, 또 일본 국내의 정세도 신교 전멸 쪽을 향하고 있지 않았다. 그리하여 한학의 진보, 봉건제도의 완성, 무사 세력의 팽창에 따라 일본의 고학파는 갑자기 부흥하기 시작하였다. 더욱이 메이지유신시대에 이르러 일본 민족은 한편으로 '일본 규모의 봉건제'를 포기하고 '지구 규모의 민족 봉건제'를 실시함과 동시에, 다른 한편으로 신교와 불교를 엄격하게 구분하였다. 그 이후가 제3기이다.

'대립에서 혼합으로', 그리고 '혼합에서 다시 대립으로'라는 두 번의 대변동에서 우리는 많은 교훈을 배워야 할 것이다.

5. 봉건제도와 사회 계급

일본의 봉건시대에 모든 토지는 번주에게 귀속되었고, 농민은 토지에 대한 소유권이 없었으며 성(姓)을 가지지 못하고 칼을 차는 것도 허용되지 않았다. 이는 3천 년 전 중국의 제도와 흡사한 것으로, 천황 · 구교 · 번주 · 무사로 구성되는 통치 계급을 제외한 사람들에게는 완전한 인격이 인정되지 않았다. 이외에도 제4 · 제5의 계급에 속하는 가장 고난에 시달리는 에타(穢多)° · 히닌(非人)°이라고 불리는 최하층의 인민이 있었는데, 이들은 인간으로서의 생활에서 철저하게 배제되어 있었다.

○ 에타 : 에도시대 사농공상에 속하지 못하는 최하층민을 부르던 말. 주로 절이나 신사에서 청소, 잡역 등에 종사하거나 죽은 가축을 처리하는 일을 하던 사람들이다.

○ 히닌 : 에도시대 사농공상에 속하지 못하는 최하층민을 부르던 말. 주로 사형장에서 잡역을 하던 사람들이다.

무사는 종종 새 칼을 만들어 그 칼의 예리함을 시험하기 위해 히닌을 마음대로 죽일 수 있었다. 더욱 특이한 것은 이 특수한 계급제의 호칭에 불교 경전의 용어를 차용하고 있다는 점이다. 이러한 사회 조직과 지배 계급의 잔혹한 관습은 일본의 문화사적 연대의 일천함과 그 수준의 낮음을 증명하는 것이라고 할 수 있을 것이다. 에타 · 히닌으로 불리는 이 계급은 지금까지 존재하고 있다. 근래 일본의 사회운동 중 가장 활발한 운동으로 '수평운동'○이라는 움직임이 있는데, 이는 이들 특수 부락의 민중이 자유 신분을 쟁취하기 위해 일으킨 운동이다. 아마도 일본 혁명의 봉화는 장차 이런 민중이 그 선두 부대가 되어 일어나게 될 것이다.

귀족원 의원의 한 사람으로 스기타 데이이치(杉田定一)●라는 사람이 있다. 이전에는 자유당의 명사였다. 민국 5~6(1916~1917)년경 어느 날 나는 그를 방문했는데, 그때 나는 그의 서재에 공자의 상(像)이 모셔져 있는 것을 보았다. 그는 나에게 다음과 같이 말했다.

○ 수평운동 : 신분 차별을 목적으로 피차별 부락 주민들이 자주적으로 결성한 수평사(水平社)에 의해 전개된 피차별부락 해방운동. 1922년 교토에서 창립 대회를 연 후 운동이 일본 전역으로 퍼져 나갔으나 제2차 세계대전 중 자연적으로 소멸되었다. 1923년에 일어난 우리나라의 형평사운동은 이와 같은 흐름의 운동이다.

● 스기타 데이이치 : 1851~1929, 후쿠이 출신으로 자유민권운동의 리더이자 귀족원 의원.

"이 공자상에는 대단한 내력이 있다. 우리 집은 원래 농민 출신이었다. 부친은 선량한 인물이었는데 지식은 누구나 공유해야 한다는 생각을 가진 분으로, 학문 높은 한학 선생님을 집에 초빙하여 마을 농민을 모아 강의를 부탁했다. 그러나 번의 무사들이 농민이 책을 읽는다는 것은 주제넘는 일이라 하여 집을 몰수했고 선생님은 도망쳤다. 이 일로 인해 우리는 농사짓는 권리마저 박탈당했다. 이 공자상은 그때 가까스로 몰수를 면하여 지금까지 보존해 온 것이다. 당시는 구미의 민권사상이 이미 유입되어 한학사상과 서로 융합되고 있던 시기였다. 이에 많은 사람이 이런 비인도적 봉건제도를 타파해야 한다고 생각하고 있었다. 이는 실로 여러 환경 조건에 의해 발생된 자각적인 운동이었다."

나는 그의 지적이 옳다고 생각한다. 메이지유신은 한편으로는 막부 정치에 반대하는 왕정통일운동이었고, 다른 한편으로는 인권의 자유와 평등을 요구하는 민권운동이었다. 존왕토막(尊王討幕)을 주장한 사람과 자유 민권을 주장한 사람은 모두 구교와 무사 양 계급에서 나왔지만, 민권운동 쪽의 움직임은 완전한 하나의 사상 혁명이었으며 인류 고유의 서로 동정하고 돕는 본능의 발전이었다. 또한 유럽의 자유사상이 그들의 모델이 되었다. 이를 단순히 사쓰마·조슈 두 번이 오로지 무력으로 정권을 잡으려고 한 것으로만 보아서는 안 된다. 예를 들어 민권운동의 최고 영수였던 이타가키 다이스케(板垣退助, 1836~1919)의 사상을 보더라도 그는 프랑스 루소의 『민약론(*Du Contrat Social*)』에 감화를 받고 있었다.

최근의 일본의 문화와 제도는 대부분 독일로부터 배운 것이나, 일본인에게 동포 개념을 환기시키고 봉건시대의 계급 통치 개념에서 눈떠 계급 전횡의 종법제도를 타파토록 한 것은 오히려 프랑스의 민권사상의 공적이 크다. 여기서 우리는 유물주의자의 계급투쟁이론이 결코 혁명사상의 전부가 아님을 증명하는 중요한 자료를 찾아낼 수 있다. 다시 말하면 일본 유신의 결과 농민 계급을 해방하고 농민에게 토지 소유권 또는 정치상 · 법률상의 지위를 획득할 수 있게 했는데, 이 운동은 결코 농민 자신의 힘에 의해 일어난 것이 아니라 오히려 무사 계급 중의 많은 인자(仁者)나 지사들에 의해서 고무되어 일어난 결과이다.

6. 일본인과 일본 문명

미나모토 · 다이라 가문이 정권을 장악한 이후 일본은 살벌한 정권 싸움이 끊이지 않아 평온한 날이 없었다. 전쟁이 잦아짐에 따라 무사의 권력도 점점 증대되었다. 그후 도쿠가와시대에 이르러서 막부의 권세는 매우 공고해졌고, 그와 함께 각국 제후의 권세는 서로 균형을 유지할 수 있게 되었다. 그리하여 각국의 제후들은 누구나 자신의 기반을 지키는 데 전념하였고 전쟁을 원하지 않게 되었다. 그러한 평화의 시대가 지속된 덕분에 이 시대에 문학과 철학이 동반하여 발전한 것이다. 그 두드러진 예로서 고학파 신권사상의 부흥, 네덜란드 학문의 유입, 한학의 발전이라는 세 가지를 들 수 있다. 이들 중 고학파 신권사상의 근원에 대해서는 앞에서 이미 그 대략을 기술했다. 다음으로는 네덜란드 학문의 유입으로, 이는 천문 · 수학 · 축성 · 의약 등의 지식에 한정되어 정신과학 방면에서는 별로 발전하지 못했다. 이에 비해 도쿠가와

시대의 한학의 발전이 사상적으로나 제도 문물의 통일이라는 면에서, 일본 근대 문명의 큰 초석이 된 것은 의심할 여지가 없는 사실이다. 다시 말해 순수한 일본학파인 신권주의자들도 자신들의 사상을 구축하기 위해 한학의 힘을 빌릴 정도였다. 이러한 의미에서 일본에서의 중국철학사상은 도쿠가와시대가 그 전성기였다고 말할 수 있다.

그렇다면 그들이 중국철학사상에서 얻은 최대의 이익은 무엇인가? 그 하나는 인애 관념이었고, 또 하나는 천하 관념이었다. 양명학파의 나카에 도주(中江藤樹),● 주자학파의 후지와라 세이카(藤原惺窩),○ 나카무라 데키사이(中村惕齊)● 모두 인애의 고취에 노력한 사람들이다. 제도의 면에서 보면 여러 계급제도와 지배 계급의 성격은 일본의 사회 진화의 자연스런 순서에 따라 성립된 것이다. 따라서 일본의 부족투쟁시대에 최대 결점은 인애 관념과 천하 관념의 박약이었음이 증명된다. 도쿠가와시대의 정치적 통일로 일본은 전국에 걸쳐 이른바 "수레는 궤(軌)를 같이하고, 책〔書〕

● 나카에 도주 : 1608～1648, 일본 양명학파의 시조로 효도를 강조했다.

○ 후지와라 세이카 : 1561～1619, 일본 주자학파의 시조로 일본에 포로로 잡혀 온 조선인 유학자 강항의 영향을 크게 받았다. 도쿠가와 이에야스에게 주자학을 강의하기도 했다.

● 나카무라 데키사이 : 1629～1702, 일본 주자학파의 대표적 인물.

은 문자를 같이하고, 행(行)함은 윤리(倫理)를 같이한다"(『중용』)라는 단계에 도달했다. 이 시기 유가사상의 발전과 메이지 초기 민권사상의 발전을 아울러서 관찰해 보면, 일본 근대 문명의 진보는 인애 관념의 진보와 정비례함을 쉽게 알 수 있다. 이 인애 관념의 발전은 완전히 정치적 통일과 물질 문명의 진보와 사회조직의 정돈에 의해 이루어진 것이다.

현대 일본의 통치 계급은 그 계통을 거슬러 올라가 보면, 봉건시대의 '사무라이'의 후계자임을 알 수 있다. 메이지시대에 교육 목표로서 무사도를 표방한 것은 봉건시대의 봉록에 대한 보은주의를 답습한 것임은 말할 것도 없다. 메이지유신사에서 만약 단순히 표면상의 사실만을 연구 재료로 하거나 최근 수십 년간의 사실만을 문제시하여 도쿠가와시대 3백 년의 치적을 망각한다면, 그것은 엄청난 잘못이다. 왜냐하면 한 시대의 혁명은 여러 가지 파괴에서 건설의 완성에 이르기까지 어디까지나 그 민족의 사회생활의 틀을 뛰어넘을 수는 없기 때문이다. 사회 내에 개조할 여건이 준비되지 않고 또 개조할 수 있는 능력이 양성되지 않은 채 소수의 사람들이 혁명운동을 일으킨다고 해도 혁명은 결코 성공될 수 없다. 또한 주위 환경이 개조를 강요했다 하더라도 극히 단기간 내에 그 능력을 만들어 낼 수는 없다. 따라서 구미 세력의 압박은 단지 일본을 동요시켜 혁명을 일으키는 계기를 제공했을 뿐이며, 그 혁명을 능히 단기간 내에 성공시킨 것은 외부에서의 수입이 아니라 역사 속에서 양성된 일본의 여러 능력의 발현이다.

일본에는 자존자대의 망상을 지닌 학자들이 많이 있다. 그들의 뇌리에는 '일본적'이라는 세 글자가 깊이 새겨져 있어서 항시 이 단어를 붙여서 일본 특유의 문명이라는 말을 자주 언급한다. 이러한 관념은 말할 나위 없이 '일본적 미신'이라는 틀을 벗어나지 못한 것이다. 그렇다면 일본 문명이란 어떤 것인가? 일본 학자들 가운데에는 일본 문명에 대해 억지로 논리에 맞지 않는 말을 하거나 미화하여 꾸며대는 사람이 많은데, 일본의 역사 문헌에서 중국 · 인도 · 구미의 문화를 모두 제거한다면 어떻게 될까? 순수하게 일본 고유의 문화라고 남는 부분이 있다면 아마 그것은 남양의 원주민 문화와 다를 바가 없을 것이다. 문명이란 본래 인류의 공유물이다. 그런데 인류를 인정하지 않고 세계를 인정하지 않으며 세계 인류의 보편성 위에 입각하지 않을 경우, 그 결과는 필히 신권의 미신에 빠질 수밖에 없다.

그러나 한편으로 우리는 이런 자존심이 민족의 생존과 발전의 기반이 될 수 있다는 점을 간과해서는 안 된다. 한 민족이 문명에 대한 동화성(同化性)이 없고 세계의 문명을 흡수할 능력도 없다면, 그 민족은 진보할 수 없고 문화적인 생활을 영위할 수 없을 것이다. 또한 자기 보존 능력이나 자기 발전 능력을 가지지 못하여 단순히 다른 사람에게 동화될 뿐, 사람을 동화시킬 능력이 없는 경우에도 자기 자신을 영위할 수 없을 것이다.

나는 일본 민족의 장점으로 위 두 요소의 겸비를 지적하고 싶다. 그들은 원래 벌거숭이로 무엇 하나 제대로 가진 것이 없었다. 그들 자신의 신화에서 보면 검 · 거울 · 옥, 이 세 가지 신기(神器)만을 가지고 있었다고 하지만 이것마저도 제대로 가지고 있었을까 의심스럽다. 그리고 이 세 가지 신기는 어느 시대에 어느 곳에서 온 것인가? 이 세 종류의 물건이 진정 존재했는지 그렇지 않은지조차 아직 고증되지 않았다. 그들은 이처럼 벌거숭이이고 가진 것 없는 민족이었지만 일본 열도로 건너와 번성하고 발전하였다. 이어 토착인을 평정하고 강대한 부족을 만들어 토착과 외래의 많은 민족을 지배함과 동시에 그들을 동화시켰다. 다음으로는 조선 · 중국 · 인도에서 각종 물질적 · 정신적 문명을 수입하고, 이를 모두 소화하여 자신들의 생활에 적응시켜 하나의 특성을 만들어 내고 국가 조직을 완성시킬 수 있었다. 그후 서양 세력이 동양을 침략하는 시대 환경에 접하게 되자, 그들은 이러한 역량을 바탕으로 서방 전래의 과학 문명을 받아들였고 마침내 현재의 강성한 세력을 만든 것이다. 지금 그들의 인구는 독일과 프랑스 를 합한 수와 어깨를 나란히 하게 되었고, 동양의 각 민족 중에서 선진적 지위를 획득하기에 이르렀다.

이 모든 것이 그들의 장점을 증명한다. 물론 우리가 보기에 일본인은 대범하지 못하고 섬나라 사람의 근성이 있고 끝없이 구미를 숭배하며, 또 중국을 깔보는 여러 언동을 보면 그들에게는 공도 정신(公道精神)이 결여되어 있음을 인정하지 않을 수 없다. 그러나 객관적 입장에 서서 자세히 연구해 보면, 일본이라는 민족은 자신감과 향상심을 가진 민족으로서 충분히 존경할 만하다. "한 민족의 생존과 발전을 위해서는 튼튼한 자신감이 필요하다" 라고 쑨원(孫文) 총리께서 말씀하셨는데, 이는 참으로 중요한 지적이다. 그러므로 일본인의 그 '일본 몰입적 행동'은 오직 비난만 할 것이 아니다. 다만 이제부터는 그것이 어느새 통용하지 않게 될 것이다.

7. 무사의 생활과 무사도

봉건시대 무사들의 생활양식을 지극히 간단하게 개괄한다면 첫째는 검술, 둘째는 독서, 셋째는 교우이다. 이 가운데 검술과 독서는 무사로서의 필수적 본분이었다. 검술을 모르는 사람은 당연히 무사가 될 자격이 없으며, 학문이 없는 자는 무사 계급의 일원으로서 출세할 수가 없었다. 또한 교우는 봉건시대 무사 계급의 사회성의 표현이었다.

봉건시대의 경제관계나 사회관계는 극히 단조로웠다. 무사의 첫 번째 책임은 주인 집안을 지키는 것이며, 두 번째는 자신의 집안과 생명을 지키는 데 있었다. 그러므로 무사는 스스로 존재하는 주요 목적을 '주가를 위해'라고 자인했다. 이 말의 진의는 주인과 자신의 가계(家系)와 가문을 위해 싸운다는 의미이다. 왜냐하면 무사 개인 또는 무사의 가계는 번주 본인 또는 번주의 가계에 종속되어 있고, 동시에 그 자신의 가계에 속해 있기 때문이다.

이러한 가계 개념은 종법적인 신권이나 미신과 당연히 밀접한 관계가 있다. 따라서 무사가 번주 자신이나 번주의 가계를 위해 싸우는 정신은 단순히 물질상의 사회관계 · 경제관계라는 연결 고리에서 유래된 것이 아니라 역사적 인습에 뿌리를 두고 있으며, 적지 않게 신비한 분위기를 내포하고 있다. '생사를 가볍게 여김', '신의를 중히 여김', '의기(意氣)를 존중함' 같은 무사만의 특성은 원래부터 무사 계급의 생활상 필요에 뿌리를 두고 있다. 그러나 정신적인 면에서 보면 오랜 세월에 걸쳐 유전되어 온 생활 의식에 의해 형성된 도덕과 신앙이 가장 중요한 요소로 작용한 결과, 그들은 자신과 가족의 생명을 희생시켜서라도 주가를 위해 싸우려는 것이다.

봉건시대의 이러한 가계 보존을 위한 노력과 분투 정신은 그들 사회 모두로부터 찬미의 대상이었으며 일본인들은 이를 도덕의 극치, 인생의 진정한 의미, 우주의 근본 법칙으로 여겼다. 이를 이루는 것이 최고의 인격이며 신(神)과 하나가 되고, 부처에 동화하며, 우주와 함께 영원히 사는 길이라고 생각하였다. 또한 신비하면 신비할수록, 비장하면 비장할수록 사회는 이를 더욱 찬미했다. 일본인이 거국일치로 찬미하는 무사도의 정화를 구체적으로 보여 주는 사례로서 '복수〔仇討, 아다우치〕'와 '할복〔切復, 셋푸쿠〕'을 들 수가 있는데, 복수란 살인이고 할복이란 자살을 지칭한다.

복수, 즉 아다우치는 중국에서의 복구(復仇)에 해당되는 말이다. 이는 본래 법치가 행해지지 않는 야만 사회에서 흔히 있는 습관이지만, 일본의 봉건시대에는 사회적 찬미의 대상이었으며 그 지방의 번주는 무사에게 특별히 복수를 허가하였다. 그후 일본의 문학자들은 종종 복수를 작품의 소재로 삼아 복수하는 자의 성격을 소설에 묘사하거나 그들의 행위를 시가로 찬미했다. 근대에 이르러서도 복수는 일본인의 가장 고상한 정신의 표출이며, 일본인의 가장 우아하고 아름다운 성격의 표현이라고 생각하는 사람이 결코 적지 않았다.

그러나 이러한 관념은 일종의 '민족적 자화자찬'에 지나지 않는다. 만약 이런 행위가 인류 도덕의 기준이 된다면, 아프리카나 오스트레일리아의 원주민들도 대단한 자부심을 가질 자격이 있다고 말할 수 있다. 다시 말하거니와 이것은 단지 살아남기 위한 투쟁에 지나지 않는다. 일본에서 이러한 행위가 후세 사람들을 자극하여 그들로 하여금 우아함과 아름다움, 그리고 고상함을 느끼게 한 까닭은 순전히 당시 일본 사회의 문화와 사상이 이미 크게 진보해 있었기에 가능했던 것이다. 또한 단조롭고 엄격한 봉건제도 하에서 이 두 행위에 예외적 희소 가치가 생겼기 때문이며, 그리하여 이러한 것들이 문학가들에 의해 작품의 소재로 취급된 것이다. 유신 이후 일본인이 민족적 생존경쟁에서 승리할 수 있었던 것도 이런 일본의 전통 속에서 배태된 도덕 관념 덕분이다.

복수하는 자는 정신적으로도 육체적으로도 완전히 종족보존의 원칙에 지배되어 있었다. 예를 들어 유명한 소가(曾我) 형제의 복수°는 자신의 가문의 존속을 위한 것이었고, 오이시 요시오(大石良雄) 등의 소위 겐로쿠 의거(元祿義擧)°는 그들의 번주의 존속을 위한 것이었다. 그 밖에 자기가 타인으로부터 모욕을 당한 것에 대하여 직접적으로 복수의 수단을 취한 예는 셀 수 없을 정도로 많다. 아코 사건(赤穗事件)°의 발단도 그 예이다. 이상은 모두 복수하는 당사자에게 해당된 사건이었으나, 이와는 달리 전혀 복수 사건과 이해관계 없이 타인의 복수를 도와주는 경우도 자주 보인다. 이를 일본어로 '스케다치(助太刀)'라고 한다. 정의를 위해 싸우는 것으로 이 또한 사회로부터 찬사를 받았다. 우리는 이 스케

○ 소가 형제의 복수 : 1193년 5월 28일 소가 형제가 아버지의 원수를 갚고자 구도 스케쓰네를 죽인 사건으로, 겐로쿠 의거와 이가고시의 복수와 더불어 일본 3대 복수로 꼽힌다.

○ 겐로쿠 의거 : 에도시대 중기 겐로쿠 15(1703)년 12월 15일 오이시 요시오를 비롯한 47명의 무사가 주군인 아코번 번주의 원수를 갚고자 기라 요시히사의 저택에 쳐들어가 죽인 사건. 이 일로 이들은 모두 자결을 명령받아 할복했으며, 이를 토대로 각색한 것이 유명한 「주신구라(忠臣藏)」이다.

○ 아코 사건 : 겐로쿠 의거를 이르는 말.

다치에서 무사도에 내포된 정의의 개념을 이해할 수 있다. 단순한 복수보다 스케다치의 도덕적 가치가 더 높다.

이러한 정의로운 동정심은 남성의 전유물은 아니어서 여성에게서도 이런 미덕을 찾아볼 수 있다. 무사 집안에서 태어난 여성이 주군이나 아버지 혹은 남편을 위해 직접 복수를 실행하거나 제3자에 대한 동정으로 복수를 도와서 성공한 사례는 일본 역사 속에서 쉽게 찾아볼 수 있다. 이와 같이 무사 계급에 한정되지 않고 일반적으로 동정심이 두터운 것은 확실히 봉건시대에 일본 여성의 미덕이었으며, 오늘날까지 이런 특색은 매우 현저하게 남아 있다. 일본 유신사의 배후를 보면 여성의 활약이 많았는데, 더욱이 게이샤(藝者)○들이 고통을 받으면서도 유신 지사들에게 헌신한 동정과 원조는 대단한 것이었다. 유신 원훈들의 부인들 중에 게이샤 출신이 많은 데에는 그러한 사정이 있는 것이다.

이러한 성격을 사상적 · 학문적으로 장려하고 완성시킨 것이 도쿠가와시대 철학사상의 특색이며, 특히 일본 고학파 철학사상의 특색이다. 아코번에서 오이시 요시오와 같은 사람이 나올 수 있었던 것은 아마도 야마가 소코의 교육 덕분일 것이다.○ 당시 도

○ 게이샤 : 주석에서 노래와 무용, 샤미센 연주 등을 하며 흥을 돋우는 여성. 유녀와는 다르다.

○ 아코번에서~것이다 : 35쪽 야마가 소코 각주 참조.

쿠가와 막부가 가장 장려한 것은 주자학이었다. 이 학파의 학자들은 분명히 일본의 제도 문물을 정리하는 데 커다란 공적을 이루었다고 할 수 있으나, 그들은 오히려 한화일체(漢和一體)의 정신을 강조하고 있었다. 이에 반하여 야마가 소코 일파는 한결같이 일본주의를 고취하였다. 야마가 소코는, "오야시마(大八洲)가 생겨난 것은 아메노누보코에서 나온 것이어서 그 생김새가 누보코(瓊矛)와 닮았다. 그러므로 구와시치타루의 나라(細千足の國)° 라고 불리었다. 일본은 '웅(雄)'과 '무(武)'의 나라라고 말할 수 있다. 천지가 열린 이래 신기영물(神器靈物)이 없지는 않았으나 이를 받아들이지 않고 오로지 아메노누보코로 나라를 연 것은, 즉 무덕(武德)을 존중하고 웅지를 표양(表揚)하기 위한 것이다"(『중조사실』「무덕장武德章」)라고 말했다.

아메노누보코는 남성의 성기를 상징하는 것으로, 이런 창세사상(創世思想)은 남성숭배사상에서 근원하고 있으며, 또 사상과 역사의 양 계통에서 보아 일본의 상무사상(尙武思想)° · 군국주의가 결코 중국사상이나 인도사상에서 유래한 것이 아니라 전적으로

○ 오야시마가~구와시치타루의 나라 : 오야시마와 구와시치타루의 나라는 일본의 미칭이며, 아메노누보코는 이자나기와 아자나미가 하늘의 신에게서 받았다는 창이다. 누보코는 옥으로 장식한 창이다.

○ 상무사상 : 상무란 무도와 용기를 중시하는 것을 말한다.

일본 종법 사회의 신권적 미신에서 유래된 것임을 알 수 있다.

근대 독일의 군국주의적 정치 철학은 일본인에게 크게 환영받았다. 러일전쟁에서 제1차 세계대전 종결에 이르는 10여 년간, 일본 사상계에 가장 큰 영향을 준 것을 이른바 트라이츄케(Heinrich von Treitschke)• 일파의 무력주의와 니체(Friedrich Wilhelm Nietsche) 일파의 초인철학이었다. 이것이 최근에는 일변하여 마르크스의 투쟁주의가 유행되었지만, 역시 근본적으로는 같은 독일 유형의 것이다.

일본인의 기풍과 중국인의 기풍을 비교해 볼 때 가장 크게 다른 점은, 일본인에게는 중국 진나라 때 사람처럼 청담(淸談)을 즐기면서 책임을 지지 않는 태도나 육조시대의 사람처럼 연약하고 퇴폐적인 풍조가 보이지 않는다는 점이다. 가장 소극적인 우키요파(浮世派)의 문학이나 예술에서조차 살벌한 분위기가 끊이지 않는다. 이러한 점들에 대해서는 특별히 주의를 요하며 연구해 볼 가치가 있다고 생각한다.

• 트라이츄케 : 1834~1896, 독일의 역사가. 킬대학, 하이델베르크대학, 베를린대학에서 교수를 지냈으며 비스마르크를 지지하다 후에는 철회했다. 가톨릭, 유대교, 사회주의를 적대시하고 군국주의와 애국주의를 주장했다.

8. 봉건시대의 상인과 농민의 품성

봉건시대에는 정권이나 군권 및 토지 소유권 등 모두가 번주와 무사 계급의 전유물이었다. 학문 활동도 무사 계급에 한정되어 있었다. 교육 기관도 번학(藩學)○은 물론 사숙조차 무사들을 위해 설치되어 있었다. 상인 · 공인 · 농민은 계급적으로뿐만 아니라 지식 면에서도 무사 계급에게 압박을 받고 있었다. 일본에서 상인을 조닌(町人)이라 부르는 것은, 그들이 조(町)에 살았기 때문이다. 그러나 농부를 하쿠쇼(百姓)라 부르는 것은 중국의 단어를 잘못 사용한 것일 게다. 이 두 부류에 대해서 보다 깊이 살펴보기로 하자.

농부는 오직 농업에만 종사하며 일생 동안 지식과 학문, 그리고

○ 번학 : 에도시대 번의 신하들의 자녀를 교육하기 위해 설립한 학교. 주로 유학을 가르쳤으며 메이지유신 이후 대부분 폐지되었다.

사회적 영예나 지위와는 거리가 먼 생활을 하며 오직 자연을 벗삼아 보내기 때문에 성품은 매우 순박하다. 또한 당시의 정치사상은 중농주의였고, 번주나 무사들은 중국의 '농자천하지대본'이라는 농본사상을 중시했기 때문에, 적어도 농민들의 인격이 크게 경멸받는 일은 없었다. 따라서 농민의 처지는 비교적 좋은 편이었다.

그러나 상인은 사회 계급상 피지배 계급에 속하면서 지배 계급과 가까이 살았으며, 지배 계급에 의지하여 생업을 영위하지 않으면 안 되었다. 그렇기에 극히 비굴한 환경 속에서 세습적으로 부의 노예가 되어 살아야 했으며, 성격상으로도 자연히 매우 악착스럽고 비열한 습관이 생겼다.

그러므로 전혀 인격적으로 대우를 받지 못하는 상인이 고상한 덕성을 갖지 못하는 것은 어쩌면 당연할 것이다. 고상한 덕성은 그들의 생활에 도움이 되지 못할 뿐 아니라 방해만 되었다. 유명한 실업가 시부사와 에이이치(渋沢栄一)●가 봉건시대 상인들의 성격을 대단히 명쾌하게 논한 한 편의 글이 있다. 다음의 인용문을 보

● 시부사와 에이이치 : 1840~1931, '근대 일본 자본주의의 아버지'로 불리는 실업가. 도쿠가와 가문의 마지막 쇼군의 막신이 된 후 파리에서 열린 만국박람회를 둘러보았다. 대장성 관료가 되어 철도 부설, 전국 측량, 도량형 통일 등을 실시하는 한편 일본 최초의 은행 제일국립은행을 설립했다. 근대 일본의 경제를 일으켜 세운 그는 '경제와 도덕의 일치'를 주장했다. 또 민간 외교 활동을 왕성하게 하여 노벨 평화상 후보가 되기도 했다.

면 60년 전의 상인들의 기질을 명확하게 알 수 있을 것이다.

옛날 나라에 내는 조세는 주로 쌀이었으나, 납 · 설탕 · 쪽 · 소금 등 각종 물품도 징수 대상이었다. 막부 및 각 번은 자기들이 징수한 물품을 관용 선박으로 에도, 오사카 등지로 운반하여 입찰을 통하여 대상인에게 팔았다. 사들인 대상인은 또다시 이것을 소상인에게 팔았던 것이다. 이외에 농가에서 직접 미곡류를 사고 파는 상인도 있었지만, 대부분의 매매는 앞서 소개한 방법에 의해 이루어졌다. 민간의 상업이라고 하면 모두 소매 상인의 범주를 벗어나지 못했다. 소수의 대상인인 구라야도(藏宿)° 라든가 고요다시(御用達)° 는 대대로 내려온 대상인 가문으로서, 그 주인은 집 안에 있으면서 풍류를 즐기고 매매는 전부 지배인에게 맡기면 그만이었다. 주인이 할 일이 있다면 각 번부에 드나들며 명절에는 관리에게 선물을 하고 요시와라° 에서 대접하고 신마치° 를 안내하여 의무를 다하는 것이었다.

○ 구라야도 : 에도시대 아사쿠사에 있는 막부 쌀 창고 부근에 살던 상인으로, 녹미 수령을 청부 맡거나 돈놀이를 했다.
○ 고요다시 : 에도시대 막부와 각 번 출입을 허용받아 각종 용품과 금은 등을 조달하던 특권 상인.
○ 요시와라 : 에도시대 에도에 있던 유곽.
○ 신마치 :에도의 요시와라, 교토의 시마바라와 더불어 번성했던 오사카의 유곽.

이 시대의 상인과 관리의 사회 계급적 차이는 너무나 현격하여 동석하여 대화하는 것조차 허락되지 않았다. 극단적으로 말하면 상인을 전혀 사람으로 취급하지 않았던 것이다. 에도와 같은 대도시는 비교적 덜했지만 지방에서는 매우 심했다. 영주가 문밖 출입을 하면 상인이나 농민은 길가에 무릎을 꿇어야만 했다. 상인은 무사에 대해 절대 복종해야 했고, 무사가 무리한 말을 하더라도 단지 "지당한 말씀이옵니다. 자세히 알아보고 보고드리겠습니다. 말미를 주십시오"라고 말할 수밖에 없었던 것으로 보아 그 당시 무사에 대한 상인의 태도는 참으로 비굴했던 것이다.

—『청연백화(青淵百話)』의 「일본의 상업 도덕」에서

상인은 그 지위가 비천했던 만큼 비열한 성격을 가졌던 것이 어쩌면 당연하다. 옛날 무사들은 상인을 매우 무시했고, 그들이 애독하는 중국의 서적에도 상인을 멸시하는 글로 채워져 있었다. 또한 상인의 비천한 성격은 천성이라고 여겼는데, 이 성질을 상인 근성(町人根性, 조닌 곤조)이라고 칭했다. 그리하여 사람을 매도할 때 이 말을 사용하여 악랄하고 비천하다는 의미로 사용했는데, 오늘날도 상류 사회의 사람들은 평상시 이 말을 사용하며 상인을 매도하고 있다.

이 점에서 보면 일본 봉건제도는 한편으로는 식록보은주의의 무사를 양성했고, 다른 한편으로는 비천하고 비열한 상인을 배출했음을 알 수 있다. 무사는 생사를 경시하고 신의를 중히 여기는 반면, 상인은 신의를 경시하고 금전을 중히 여긴다. 다시 말하면 전자는 이슬람교식 신비도덕주의이며, 후자는 유대교식 현금주의이다.

그러므로 무사의 기질을 계승한 현대의 군인은 전제적이기는 하지만, 의지가 강하고 자존심이 세 능히 강권에 두려워하지 않는 동시에 약자를 속이지 않는 성질을 가졌고, 전투에 임하여서는 용기백배하여 적을 쓰러뜨리고, 패했을 때는 명예를 존중하여 자살도 서슴지 않는다. 서구에서 여성을 존중하는 풍습은 중세의 기사에서 시작된 것인데, 소위 무사도의 특징도 같은 맥락에서 유추할 수 있다. 아메리카 대륙에 처음 건너간 유럽인들은 수십만의 원주인을 살해했는데, 이와 같은 잔악 행위는 순수한 전사들이 행한 짓이 아니라 무기를 가진 상인이나 부랑자의 짓이라고 생각한다. 마찬가지로 일본 봉건시대의 상인 근성은 한편으로는 음흉하고 잔혹한 성품을 띠고 있는데, 정치적 약자가 생활상의 승자가 되기 위해서 어쩔 수 없이 이와 같은 성격이 형성되었을 것이다.

현재 일본 실업가 중 메이지시대의 신교육을 받기 이전 세대의 사람으로 80세 이상의 노인 가운데 무사 출신의 시부사와 에이이치(막신이 되었던 경력이 있다)와 상인 출신의 오쿠라 기하치로(大倉喜八郎)●를 비교해 보라. 전자는 성실한 군자이고 후자는 교활한 시정잡배이며, 전자는 고상하고 후자는 저속하고, 또한 전자는 교양을 논하고 후자는 이익만을 논한다. 이와 같은 극단적인 성격 차이에서 무사와 상인의 차이를 명백하게 이해할 수 있을 것이다.

● 오쿠라 기하치로 : 1837～1928, 일본의 중견 재벌 오쿠라의 설립자. 니가타현에서 태어났으며 어용상인으로 거부가 되었다. 서민들로부터는 '죽음의 상인'이라는 말을 들었으나 공공사업과 교육 사업에는 사재를 아낌없이 투자했다.

9. 존왕양이와 개국진취

일본에서 막부가 타도되고 천황이 왕권을 회복할 수 있었던 원인을 다음과 같이 개괄할 수 있는데, 그것이 나의 독단인지의 여부는 일본 유신사를 좀더 연구해 보면 알 수 있을 것이다.

1. 도쿠가와 막부 자체의 부패

2. 막부 및 각 번의 재정 곤란과 무사의 생활고

3. 외국 세력의 압력이 강화되자 국민들의 감정이 양이도막(攘夷倒幕)으로 기운 점

4. 종래 막부에 불만을 품고 있던 사쓰마 · 조슈 등이 막부 타도의 기회를 엿보고 있었으며, 이 번들은 지리적으로 해외와 접촉이 잦고 교토와의 왕래가 쉬웠기 때문에 존왕양이의 중심이 되었던 점

5. 도쿠가와 집권 이후 고학파 신권사상의 보급 및 한학의 발달이 영향을 미친 점

이 책을 통해 앞에서 열거한 다섯 가지 원인을 하나하나 자세하게 서술할 여유는 없지만, 간단히 말하면 당시 일본 막부와 각 번의 사정은 이미 변하지 않으면 안 되는 시기에 이르렀다. 그렇기 때문에 설령 외래의 여러 원인이 없었다고 해도 막부의 권력과 각 번의 지위는 이미 동요하고 있었던 것이다. 그런데 이러한 상황에서 구미 세력이 맹렬히 압박해 오자, 청년 무사들은 외국인의 발호와 막부의 퇴조를 보고 존왕양이의 깃발을 올려 막부에 반대한 것이다. 서구인에 의해 쓰인 당시의 일본 정세에 대한 글을 보면, 막부 타도의 원동력이 된 낭인(浪人)들은 의화단의 인물들과 다를 바가 없었음을 알 수 있다.

당시 일본에 대한 각국의 통상 압박은 날이 갈수록 격렬해졌다. 흑선(黑船, 구로부네)○의 위협에 일본인들은 저항할 힘이 없었으며, 네덜란드의 병학이 일찍부터 들어와 있어 이미 서양 각국이 선진의 학문과 힘을 가지고 있음을 알고 있었다. 입으로는 양이를 주장하지만, 실제로 그것이 가능하다고 생각하지는 않았다. 그러므로 그들은 입으로 양이를 주장하는 한편 부강을 위해 적극적으로 유럽의 학문을 받아들였다. 그리하여 영국 학문, 프랑스

○ 흑선 : 근세 일본에 온 구미의 범선으로, 선체를 검게 칠했다고 이렇게 불렀으며 막부 말기에 서양의 선박을 가리키는 말이 되었다.

학문 등 서양 학문의 가치를 차츰 일반인들도 인식하게 되었다. 그 후 막부가 일단 무너지자, 존왕양이라는 목표는 갑자기 '개국진취(開國進取)'로 바뀌었다. 양이와 개국은 서로 모순되는 경향이지만, 이 모순된 두 경향이 오늘날 일본 근대화의 기초가 되었다. 또한 우리가 배워야 할 점은, 그들에게 의화단 정신이 없었다면 결코 독자적인 문화를 만들 수 없었을 것이라는 사실이다.

도막 사업은 어떤 계층의 사람들에 의해 수행되었는가. 신권사상의 감화를 받은 무사들에 의해서였다. 교토 출신 구교 몇 명은 단지 외관상 내세운 존재에 지나지 않았다. 말하자면 산조 사네토미(三条実美),○ 이와쿠라 도모미(岩倉具視)○ 등도 결국 도막파 무사들의 보호막에 불과했다. 이들 무사들의 머릿속에는 영웅사상이 꽉 차 있었다. 그들이 염두에 둔 개혁 인사의 모델은 다름 아닌 일본 전국시대의 영웅들이었는데, 도요토미 히데요시의 웅대한 구상이나 가토 기요마사(加藤清正)○의 전공 등이 그들의 머

○ 산조 사네토미 : 1837~1891, 에도시대 후기에서 메이지시대의 정치가. 존왕양이운동의 선두에 섰으며 마지막 태정대신을 지냈다.

○ 이와쿠라 도모미 : 1825~1883, 에도시대 후기에서 메이지시대의 정치가. 도막운동의 선두에 섰으며 특명전권대사에 임명되어 사절단을 이끌고 구미의 문화와 제도 등을 시찰했다.

○ 가토 기요마사 : 1562~1611, 일본의 무장. 어려서부터 도요토미 히데요

릿속에 꽉 들어차 있었다. 이 같은 생각을 가진 자들이 개국진취를 표방한 것이므로 그 의미를 가히 짐작할 수 있을 것이다. 옛날 도요토미 히데요시가 조선을 침략한 목적은 그가 조선 국왕에게 답한 국서 중에 밝혀져 있다. 라이 산요의 『일본외사』에서 일부를 인용해 보자.

일본의 도요토미 히데요시는 삼가 조선 국왕에게 답한다. 우리나라의 모든 길이 분리되고 기강이 무너져 제왕의 명령이 가로막히고 있다. 히데요시는 이에 격분하여 칼과 방패를 들고 동서를 정벌한 지 수년에 이른다. 히데요시는 시골 출신이나, 그를 임신하고 있던 모친은 해가 품 안으로 들어오는 꿈을 꾸었다. 이에 점쟁이가 말하기를, "햇빛이 가는 곳에 뚫지 못함이 없으니 장차 무공이 천하에 빛나리라" 라고 했다. 이런 까닭에서인가 그는 싸움에서 반드시 이기고, 공격하면 반드시 취했다. 이제 국내는 이미 정돈되고 백성은 재물이 풍족하며 도성이 풍성함은 그 전례가 없다. 사람의 수명은 예부터 1백 살을 넘지 못하는데, 어찌 이러고만 있을 것인가. 귀국으로부터 우리의 길을 빌려 산해관을 넘어 바로 명에 들어

시의 시동을 지내며 많은 전장에서 전공을 세웠다. 임진왜란 당시 함경도 방면에 출병했다.

가 그 4백의 주(州)를 모두 우리의 것으로 하여, 억만 인에게 왕정을 펴기를 원한다. 이는 히데요시의 뜻하는 바이다. 무릇 해외의 각 번이 이에 따를지는 확실치 않으나, 귀국이 먼저 사자와 폐물을 받아들이면 대단히 기쁘겠다. 히데요시가 명에 들어가는 날, 사졸들을 이끌고 군영을 열어 우리의 앞길을 이끌 것이다.

우리는 한 편의 사서(史書)를 모방한 한문 투의 이 문장에서 히데요시가 품고 있던 웅지를 알 수 있고 당시의 일반인의 생각도 읽을 수 있다. 이 같은 기백과 포부는 무가시대 이전 사람들에게서는 찾아볼 수 없었던 것이라고 단언해도 좋을 것이다. 또 무가시대에서도 도요토미 히데요시 이전에는 일본은 국내 통일의 기초가 이루어지지 않았고 민족독립사상이 성립되지 않은 시대였으며 아직 중국의 실정(失政)도 드러나지 않았으므로, 중국의 통치권을 빼앗으려는 행동은 있을 수 없었다.

얼핏 생각하면 사상이란 모두 시대에 앞서 생긴 것처럼 여겨지지만, 실은 시대의 뒤에 생기는 것이다. 정신과 물질은 사물의 양면이며, 과거와 미래는 한 시기의 양끝이다. 한 시대의 사회적 요구가 사상을 낳고, 사상은 다시 신시대 도래의 요구를 재촉한다. 결국 이런 것이 반복되면서 역사가 이루어진다. 그렇다면 우리 중국 민족은 어떠한가. 주지하는 바와 같이 대국가를 영위하면서 그리고 오랜 역사를 가지고 있으면서 주변의 소민족도 흡수하지 못했다. 오히려 그들 소민족에게 '중국 왕조 타도'의 생각을 품게 하고 있다. 이 얼마나 수치스런 일인가.

일본 유신 전의 양이사상이 외세의 압력에 의해 발생했다는 것은 이미 언급한 바와 같으나, 그 외부의 힘은 대체적으로 크게 두 방향으로부터 도래하고 있었다. 즉 하나는 북방 러시아의 정치적 압력이고, 다른 하나는 남방으로부터의 구미 제국 상선의 내항이었다. 이 두 상황에 대항하여 일어난 사상은 그 내용과 방법이 서로 달랐다. 러시아에 대항하려고 일어난 양이사상은 과격하고 무력적인 한편, 구미 제국의 내항에 대항하려고 일어난 양이사상은 타산적이고 경제적이었다.

이렇게 다른 두 사실이 야기시킨 서로 다른 경향은 그후 개국진취사상에도 각기 다른 영향을 주었다. 메이지시대에 들어서 일본의 국방 정책과 외교 정책을 지배한 북진 · 남진의 두 조류 역시 위의 두 경향과 매우 밀접한 관련을 갖고 있음에 주목할 필요가 있다.

당시의 양이론이란 어떤 내용이었는지 다음의 세 문헌을 예로 들어보자.

1. 히고(肥後)의 호소카와 야마시로노카미(細川山城守)의 상서

문 중 일부

"일본은 우리만의 대법(大法)을 가지고 있으며, 교역은 통신(通信)을 제외한 모든 것을 사양한다."

2. 사가(佐賀)의 번주인 나베시마 히젠노카미(鍋島肥前守)의 상서문 중 일부

"막부의 직함은 정이대장군(征夷大將軍)이다. 이 정이(征夷)라는 두 글자를 정한 것은 실로 만세불역(萬世不易)의 높은 안목이 있다. …이적들이 쳐들어오지 못하는 것은 오직 우리가 무위(武威)를 해외에 떨치고 있기 때문이다. … 요즈음 태평성대가 오래 지속되어 우리의 사기가 다소 떨어졌지만, 다시 적절한 기회에 분발하여 위세를 국외로 떨치면 뒤떨어진 국력을 만회하고 국기를 튼튼하게 하는 데 충분할 것이다."

3. 가와고에(川越)의 번주인 마쓰다이라 야마토노카미(松平大和守)의 상서문 중 일부

"만일 모든 주위의 오랑캐가 황국에 대해 감히 불경한 마음을 가진다면 황국의 무력으로 주벌(誅罰)을 가하여 국위를 빛낼 것이다."●

● 이 세 상주문은 가에이 6(1853)년 미국의 국서에 대해 각 번이 막부에 올린 것이다.

이 단편적인 글만으로도 당시 일본 번주들의 사상과 지식을 추측하는 데 족하다. 이런 분위기에서 일본 국민에게 가장 자극이 된 것은 송과 명의 망국의 역사, 즉 몽골족과 만주족이 중국을 유린한 역사적 사실이었는데, 일반 지사들은 항상 이 사실을 지적하며 전 국민의 단결과 저항을 선전하였다.

그리고 아편전쟁(1840～1842)과 영국 · 프랑스 연합군의 2차 아편전쟁(1856～1860)이라는 두 사건은 일본 전 국민으로 하여금 더욱 무사적 열기로 들끓게 하였다. 또한 일본의 선각자들은 망국의 위험을 국민에게 경고하는 한편, 많은 국제 사정을 학습하도록 하였다. 중국이 19세기 초 · 중엽에 외국의 압력을 받은 사정 역시 일본 유신 발동의 큰 자극제가 되었다. 야나가와 세이간(梁川星巖)• 은 아편전쟁에 대한 감상을 다음과 같이 표현하였다.

> 지금 중국은 텅 빈 것이나 다름없다(赤縣神州殆一空)
> 한 사람의 영웅도 없으니 참으로 애통하다(可憐無個半英雄)
> 대만은 귀신만 있는 무인도이다(臺灣流鬼無人島)
> 여파가 일본에 미칠까 두렵다(切恐餘波及大東)

• 야나가와 세이간 : 1789～1858, 에도시대 후기의 한시 시인. 당시 '문장은 라이 산요, 시는 야나가와 세이간'이라고 일컬어졌다.

또한 야마우치 요도(山內容堂)[●]는 영국 · 프랑스 연합군이 베이징을 함락한 사건(1860)을 다음과 같이 시로 읊었다.

> 누가 이적들을 북경에 들어오게 했는가(誰敎醜虜入燕域)
> 시가에는 시체 냄새가 가득하다(八百八街酸氣腥)
> 홀로 『담암집』을 펼쳐 읊어 보건만(開帙獨誦淡庵集)
> 실성하여 무능한 조정을 매도하고 싶다(失聲慾罵小朝廷)

이 두 편의 한시는 말할 것도 없이 중국의 나라 사정을 빌어 일본 전국의 무사를 격려하려 한 것이다. 밖으로는 외국의 위력에 쫓기고 안으로는 지사들의 비난을 받고 있던 막부가 붕괴하는 것은 이제 시간문제였다. 이로써 양이와 도막이 일체가 된 것은 바로 중국에서 배만(排滿)과 배외(排外)가 하나가 되어 시대적 경향이 되었던 것과 같다.

흔히 메이지 초기의 정한론(征韓論)이 사쓰마의 사이고 다카모리(西鄕隆盛)[○] 일파에 의해 처음 주장되었다고 말하지만 이는 잘

● 야마우치 요도 : 1827~1872, 에도시대 후기 도사번의 번주.

○ 사이고 다카모리 : 1828~1877, 일본의 정치가. 기도 다카요시 · 오쿠보 도시미치(大久保利通)와 더불어 메이지유신 세 주역으로 꼽히며, 도쿠가와 막부의 막을 내리고 왕정복고를 성공시키는 데 지대한 역할을 했다.

못된 생각이다. 사실은 조슈번에서 사쓰마번보다 앞서 정한론을 주장한 사람이 있었다. 기도 다카요시(木戶孝允)● 와 오키 다카토(大木喬任)● 가 그들이다. 오키 다카토는 일본의 국시(國是)를 논한 글에서 이렇게 말했다.

"세계 각국 중 가장 두려운 나라는 러시아이다. 러시아는 일본의 대륙 진출을 방해할 수 있으므로, 일본이 대륙 진출을 꾀하려면 러시아와 동맹을 맺고 중국의 영토를 러 · 일 양국이 균등하게 나누어 가질 수 있도록 해야 한다."

이 의견에 기도 다카요시도 일본의 중흥을 위한 최선책이라고 찬성을 표했다. 그의 이런 주장은 시기적으로는 이미 사이고 다카모리 이전의 주장이다. 다만 그들이 품은 이상은 동일하지만, 정책적 배려에서 의견이 갈라진 것에 불과하다. 정한론을 주장하는 자들은 "국내의 봉건제도가 폐지된 이상, 일본은 빨리 밖으로 발전해 나가지 않으면 생활이 궁핍해진 무사들이 반란을 일으킬 우려가 있다"라고 생각했던 반면, 반대론자는 "일본의 국내 정치는 아

정한론을 주장하다 받아들여지지 않자 귀향했고 메이지 10(1877)년 세이난전쟁(106쪽 참조)을 일으켰으나 패하여 자결로 생을 마감했다.

- 기도 다카요시 : 1833~1877, 존왕양이운동의 중심인물. 이와쿠라사절단의 부사로 수행하고 귀국한 후 정한론에 반대했다.
- 오키 다카토 : 1832~1899, 메이지시대 정치가. 원로원 의장, 추밀원 의장을 지냈으며 교육제도 확립에 힘썼다.

직 개혁해야 할 곳이 많으며 국력은 아직 충분하지 못하다. 내정의 정비야말로 급선무다"라고 주장했을 뿐이다. 양자 간의 차이는 이런 정도로 미미하며, 근본적으로는 다르지 않았다.

또한 당시 유럽 민권사상의 영향을 받았거나 세계 조류의 흐름을 읽고 있던 사람들은 당시의 법률제도로는 국가 발전을 도모할 수 없다고 생각하고, 민권사상과 개국진취사상을 동시에 고취시켜 나갔다. 그들의 사상에 영향력이 가장 컸던 것은 영국사상과 프랑스사상이었다. 메이지 4(1871)년 통계에 의하면, 도쿄에만 영어 · 프랑스어 등을 가르치는 학원이 이미 11개소이고 란가쿠주쿠(蘭學塾)[○]를 합하면 19개소에 이르며 거기서 공부하는 학생 수는 2천여 명에 달했다. 메이지 초기에 외국 문화 수입이 얼마나 성행했는지 알 수 있다.

봉건시대에서 통일시대로 가는 일본의 변혁기 역사를 통해 본 나의 느낌을 간단히 피력하면 다음과 같다. 일본의 개혁은 수많은 농민 혹은 상공업자의 사상적 행동에 의해 일어난 것이 아니라 무사 계급에 의해 이루어진 사업이었다. 개국진취사상은 물론이고 민권주의사상도 무사 계급에 의해 고취되었다. 이 가운데 가

○ 란가쿠주쿠 : 란가쿠는 에도 중기 이후 네덜란드어로 서양의 학술과 문화, 나아가 의학 · 천문학 · 병학 등 자연과학 전반을 연구하던 학문으로, 주쿠는 학원을 의미한다.

장 중요한 '세계인류 동포사상'은 전기와 후기 모두 외래사상의 영향에 의해 일어난 것이다. 그중 전반기의 세계인류 동포사상은 중국유가사상으로부터 세계대동이론을, 그리고 불교의 중생평등 사상으로부터 세계대동사상을 전수받았다. 그러나 이런 사상은 무가시대에 들어서면서 점차 일본 민족의 우월적 통치사상이 우세해지면서 붕괴되어 갔다. 또한 중국 문화의 정통성을 인정하고 중국이 중심이라는 사상조차 『중조사실』에서 보듯이, 일본을 정통으로 하는 신권역사학설로 대체되어 버렸다. 난세였기에 왕도적 정치 이론이 패도적 무력에 대항할 수 없게 된 것은 자연스러운 현상이지만, 이 일본식 자존사상은 막부 말기에 이르러 구미 침략 세력에 의해 시달리며 하나의 새로운 모습으로 변모되었다.

민권사상과 서구화는 유신 후의 산물이다. 이 새로운 민권사상, 즉 자유 · 평등 · 박애사상은 일본의 후기적 세계인류 동포사상이라고 칭할 수 있다. 폐쇄된 한낱 섬나라에게 사상의 변동이란 외래의 영향에 의존할 수밖에 없었다. 자신의 힘으로 세계에 독자적인 문명을 창조하는 것은 용이하지 않으므로, 외부의 문명을 받아들이는 것이야말로 섬나라의 특성이라고 할 수 있다. 일본 역사를 논할 때 이 점을 잊어서는 안 될 것이다.

10. 군벌과 재벌의 유래

메이지유신의 정치사상에 대해서는 앞 장에서 이미 설명하였고, 다음으로 메이지유신 이후의 중대한 변화에 대하여 설명하고자 한다. 즉 상공업 발달에 관한 이야기이다. 현재의 일본은 이미 무사전제시대에서 한 걸음 더 발전하여 자본가전제시대에 이르렀는데, 일본의 진정한 모습을 찾으려 한다면 상공업 발달의 연원을 알아야 한다. 왜냐하면 오늘날 일본 정국을 좌우하는 힘은 단지 몇몇 군벌의 영수나 관료들의 손에 의해서가 아니라 실로 용과 호랑이와 같은 유력한 부호와 부호 지배 하의 상공업 조직에서 나오기 때문이다.

현대의 일본 상류 계급의 기질은 상인 근성의 체격 위에 무사도의 겉옷을 입은 모양으로 비유될 수 있는데, 이 기질은 중 · 상류 계급 모두 그와 같다고는 할 수 없지만 적어도 그러한 모습이 일반적인 형태라고 말할 수 있다. 그도 그럴 것이 군벌과 관료는 당연히 무사 계급의 직계이며, 가장 큰 세력을 형성한 자본가와 상공업의 지배 그룹은 무사와 상인의 혼합체인 것이다. 그리고 군벌, 관료, 재벌을 잇는 대브로커의 역할을 하는 것이 정당이다. 그 이유는 다수자의 권리가 결코 자기들의 주장에 의해 획득된 것이 아니라 소수에게서 양도받은 것이고, 또 조상 대대로 몇백 년 유전되어 온 피지배 근성은 하루아침에 제거될 수 없기 때문이다.

오늘날 시골 농부는 이미 번주나 무사와의 주종 관계에서 벗어났음에도 불구하고, 특히 노인들은 번주의 이름만 들어도 여전히 떠받들고 존경하는 마음을 가지고 있다. 최근까지만 해도 옛 번주가 도쿄에서 이전에 통치했던 지방으로 돌아오면, 늙은 농부들은 예전 그대로 길에 엎드려 그들을 맞이하고 과거에 그에 속했던 무사들은 여전히 신하로서의 예절을 갖춘다. 지금은 연로한 번주들이 차츰 세상을 뜨고, 그 후계자와 예전에 다스리던 지방 사람들의 관계는 끊어져 버렸다. 또한 지방의 젊은 사람들은 직접 봉건제도의 압제와 속박을 받지 않았고 그 은혜를 받은 적도 없었으므로 봉건적 관념이 겨우 엷어지기 시작했다. 인습이란 이토록 뿌리 깊은 것이다.

메이지 초기의 폐번치현(廢藩置縣)° 이후 무사의 세습 재산은 중앙 정부에 의해 박탈당하고, 무사의 직무상 특권은 징병령에 의해 없어지고, 지식상의 특권은 보통교육제도에 의해 박탈되었다. 이렇게 무사들은 세습적 특권을 잃었을 뿐만 아니라 세습적 직업마저 잃게 되었다. 또한 당시는 이미 산업 혁명의 조류가 밀려오고 있었기 때문에 권력이 없는 무사가 생활의 안정을 얻기 위해서는, '무사도'의 간판을 내리고 상업에서 생활 근거를 찾을 수밖에 없었다. 그러나 주판을 튕기는 일이나 남의 비위를 맞추는 일, 머리를 숙이는 일에 익숙지 않은 무사는 기존의 상인들의 경쟁 상대가 되지 못했다. 유신 후 많은 무사들이 비참하게 파산한 것은 모두 이 때문이다.

중앙의 정권은 막부에서 황실로 돌아가 통치의 중심이 확정되었지만, 통치권의 운용은 황실의 독재도 메이지천황의 전제도 아니었다. 실권을 장악한 사람은 사쓰마 · 조슈 두 번의 무사들이었다. 천황을 따라 입궐한 산조 사네토미 · 이와쿠라 도모미 같은 옛 구교가 없는 것은 아니나, 그들은 천황의 장식품일 뿐 나는 새도 떨어뜨리는 기세를 떨치는 무사 출신 새로운 구교들의 꼭두각시에 불과했다. 정치 무대에서 그들의 역할은 유연하고 교묘한 수법으로 각 번의 무사들 사이를 왕래하며 세력의 균형을 조정하

○ 폐번치현 : 1871년 메이지 정부가 그때까지의 번을 폐지하고 지방 통치를 중앙 정부 하의 부(府)와 현으로 일원화한 행정 개혁이다.

는 일이었다. 사쓰마번의 세력은 정한론의 실패로 완전히 중앙 정부에서 축출되어 곧 조슈번 무사들이 정치 대권을 독점하게 되었다. 그러나 이들 집권 무사들도 차후 무사 계급이 없어질 것으로 내다보아 돈벌이로서 상업을 주목한 점은 내리막길의 무사와 다름없었다. 마침 그들의 지위는 극히 높고 정권은 그들을 보호하고 국가의 세입은 그들의 활동을 방조하였으므로 경제 활동에 유리한 조건이 갖춰졌다. 단지 몇 개의 큰 사업을 결정해서 자신의 장악 하에 두기만 하면 부를 쌓기에 충분하였다. 그들은 주판알을 튕길 필요도 스스로 자본을 마련할 필요도 없었다.

종래 일본의 상업이 각 번에 의해 조종되고 있었음은 이미 앞에서 서술하였다. 유신 이후에는 대외 무역의 추세가 나날이 확산되었다. 정부는 '식산흥업(殖産興業)'이라는 네 글자를 표방하여 정치의 큰 방침으로 삼았다. 이리하여 국내의 상공업과 대외 무역은 급격히 발전하였는데 이와 함께 무사와 상인의 결탁, 정부와 상인의 결탁은 점점 긴밀해졌다. 메이지시대의 상공업 발달의 역사를 살펴보면 그때의 사정을 이해할 수 있다. 예를 들면 현재의 대자본 집단인 미쓰이(三井), 이와사키(岩崎), 오쿠라(大倉)는 모두 '어용상인'이 성장한 것이다. 이들 중 미쓰이와 이와사키는 봉건시대 이래의 오래된 어용상인이라고 할 수 있지만, 오쿠라 기하치로는 원래 매우 가난한 상인에서 출발하여 갑자기 거부가 된 사람이다. 그는 어떻게 거부가 될 수 있었을까? 말할 나위 없이 정부의 매판(買辦)을 지냈기에 그러한 부를 축적할 수 있었던 것이다.

11. 메이지유신의 성공 비결

한 시대가 창조되는 데에는 실로 많은 역사적 요소가 내재되어 있으며, 새로운 시대는 결코 한두 명의 힘에 의해 창조될 수 없다. 그렇지만 그 시대를 이끌어 온 지도자의 인격이나 능력은 역시 시대를 창조하는 최대 요소 중의 하나이다. 시대를 창조하는 지도자란 사업을 성공적으로 이끄는 인물과는 다르다. 어떤 자는 사상으로 군중을 선동하고, 어떤 자는 지식으로 민중을 각성시키고, 어떤 자는 빼어난 도덕성으로 민중에게 신앙과 신뢰를 심어주고, 또 어떤 자는 자신의 견고한 의지로써 한편으로 민중을 위압하면서 다른 한편으로는 민중의 노력 분투를 이끌어 내기도 한다. 지(智) · 인(仁) · 용(勇)을 겸비한 성현은 쉽게 나타나는 것이 아니다. 정치적 변혁이 빈번한 시기에는 지 · 인 · 용을 겸비한 성현은 대부분 초기에 희생되어 버려 후대 사람들에게 추앙을 받기는 하지만, 그 자신은 성공을 볼 수 없다.

일본 메이지유신의 사상적 · 국제적 · 사회적 배경은 이미 살펴본 바와 같이 대단히 복잡하게 얽혀 있지만, 결국 민중의 의식 속에 살아 있는 정치사상은 극히 간단한 몇 종류의 경향으로 한정된다. 또한 이런 경향들은 모든 강물이 바다로 흘러가듯이 도쿠가와 막부 이래의 민족 통일, 국가 독립이라는 위대한 요구의 흐름에 따라 일본인의 역사적 전설인 왕권신수사상을 중심으로 수렴되었다. 바꿔 말하면 메이지유신 당시 전개된 거대한 운동들은 사회의 절실한 요구가 그 원인이 되었지만, 귀착점으로서 공통된 하나의 신앙을 가지고 있었다.

메이지유신 전후의 역사 속에서 당시에 가장 유력한 지도자가 결국 누구였던가를 찾아내는 일은 결코 쉽지 않다. 만일 당시 활동한 인재 중에서 굳이 지적하라고 한다면, 단지 간부 몇 명은 찾을 수 있을지 몰라도 진정한 지도자를 찾아내기는 쉽지 않다. 유신사의 형식적인 개막은 당연히 메이지 개원 전년의 12월, 왕정복고 조서○가 발표된 때이다. 당시 교토에서 전개된 이 대운동의

○ 왕정복고 조서 : 왕정복고의 대호령(大號令)이라고도 한다. 1868년 1월(음력으로는 1867년 12월 9일) 조정에서 회의가 끝나고 사람들이 물러간 후 대기하고 있던 사쓰마번 등 5개 번의 군인이 교토 황궁의 문을 점령하고 황궁의 출입을 제한했다. 그런 중 이와쿠라 도모미 등이 궁에 들어와 메이지 천황이 자리한 가운데 왕정복고를 선언했다. 이는 천황에 의한 새 정부의 성립을 선언하는 것임과 동시에 도쿠가와 막부의 종말을 의미한다.

양상은 흡사 벌집을 쑤셔 놓은 것 같았다. 궁중의 구교, 구신(舊臣) 및 번의 신하들은 당황하여 성안에 틀어박혀 있었다. 물론 이때의 모든 발의가 후일 유신대제(維新大帝)로 숭배되는 어린아이에 의해 발표된 것은 아니다. 구교 중에서 가장 능력 있는 이와쿠라 도모미도 그 당시의 권력 구조에서 보면 고작해야 귀족 계급의 아웃사이더에 지나지 않았다. 제1차 정부 조직을 보면 의정(議定)이 10여 명, 참여(參與)[●]가 수십 명인데 이들 중 과연 누가 중심인물이고, 누가 권력을 쥔 지도자였던가. 번병(藩兵)의 세력에서는 사쓰마가 최대이므로 사쓰마의 지도자였던 사이고 다카모리가 군웅을 규합하는 지위를 차지한 것이 당연하나 신분상으로는 일개 신하에 불과했다.

결국 일본 유신의 역사에서 주요한 성공 원인으로 인정되는 점은 다음 두 가지일 것이다. 하나는 시대의 절실한 요구가 있었던 점이고, 다른 하나는 국민이 공통의 신앙을 가지고 있었던 점이다. 그리고 이 두 원인이 합쳐져서 역사적으로 '일본 민족의 통일적 발전 능력이 이미 확고하게 구비되어 있었던 점'으로 귀결된다. 즉 '민족의 통일된 사상, 통일된 신앙, 통일된 힘'은 일본 유신을 성공으로 이끈 최대 요소였다.

● 제1차~참여 : 의정과 참여는 메이지 정부의 관직명. 의정은 대신에, 참여는 차관에 해당한다.

이 기본적 요점을 알지 못하고 단순히 한두 지도자에게서 그 성공의 원인을 찾으려 한다면 그 원인은 드러나지 않을 것이다. 또 당시의 인물들을 비교 · 검토해서 막부 붕괴의 원인을 찾으려 해도 불가능하다. 병력과 재정을 따지는 것은 더욱 쓸데없는 일이다. 여기에 불가사의한 점이 하나 있다. 왕정복고, 각 번의 세력 결집, 막부의 타도, 봉건제도의 철폐 등을 성공시킨 주동은 바로 사쓰마번이며, 위대한 인물을 꼽는다면 역시 사이고 다카모리이고 그를 추종하는 세력에 인재가 많았다. 또 4대 번 중에서 도사(土佐)와 히젠(肥前) 두 번의 인재도 결코 이에 뒤지지 않았다. 특히 사상에서 대표 인물은 대부분 도사번이 차지하고 있었다. 그럼에도 불구하고 정한론을 둘러싼 충돌에서 패배한 후에는 사쓰마 · 도사 · 히젠, 이 세 번의 세력은 뿌리부터 흔들리고 말았다. 유신 당시의 공신도 후에는 살해되거나 혹은 도망하여 흔적도 없이 사라졌다. 반면 군사와 재정 등 국가 중추의 양대 권력을 장악하여 후세에 군벌과 재벌 세력의 기초를 만든 자는 부패가 극에 달했던 조슈벌(長州閥)의 탐관오리들이었다. 이 얼마나 불가사의한 일인가.

그래서 나는 한 시대의 역사적 창조는 간단한 것이 아니고, 성공이냐 실패냐는 절대적 문제가 아니며, 인재 보유의 여부 그리고 힘의 대소는 절대적 근거가 될 수 없다고 생각한다. 역사 전체에서 볼 때 어떤 시대의 혁명의 성패, 민족의 흥망성쇠, 문화의 부침은 구분될 수 없는 하나의 덩어리이다. 개인의 업적상 실패가 오히려 때때로 그 시대의 성공을 위한 원동력이 되는 경우가 많으며, 개인의 성공이 실은 어떤 이의 실패에 힘입은 경우가 많은 것이다.

최근 수년간의 일본 역사를 돌이켜보면 사이고 다카모리가 그 좋은 예이다. 그는 현실적으로는 실패했으나, 사후 그의 가상적인 인격은 최근 50년간 일본 민족의 절대적인 지배자가 되어 각종 사업이 그의 인격에 의해 추진되고 있다. 당시 그를 추종하여 실패한 도사 · 히젠의 지사들의 노고는 민권운동의 중심사상으로 승화되었을 뿐만 아니라 그 여광은 오늘날 일본 기성 정당 전체를 지배하고 있다. 한편 성공한 조슈번도 오늘날 사이고의 가상적 인격 아래 굴복하여 여론의 추이에 눈치를 보며 정책을 추진해야 한다.

이러한 정황을 다시 정리해 본다면, 사이고의 정한론은 사후 18년●에 이르러 사실상 실현되었고 사후 30년● 후에 그 목적이 달성되었다고 말할 수 있다. 그러나 만약 메이지 4년 사이고의 정한론이 통과되었다면 큰 화를 불러일으켰을 것이고, 일본의 유신

● 사후 18년 : 1895년 청일전쟁이 승리로 끝난 것을 가리킨다.

● 사후 30년 : 1910년 일본의 조선 합병을 가리킨다.

사업은 백지화되어 사이고의 인격이 매몰되어 버렸을지도 모른다. 우리가 한 시대의 역사를 읽으려 할 때, 사실이나 도덕이나 이론에만 얽매여서는 안 된다. 먼저 역사 전체에 대한 통찰이 없다면 독서는 아무짝에도 쓸모가 없다.

쑨원 선생이 주장한 삼민주의가 참으로 현대의 훌륭한 혁명 이론이라는 점은, 그것이 혁명 추진 과정에서 우리의 장래를 담보해 줄 뿐만 아니라 과거의 역사를 명확하게 해명해 주기 때문이다. 일본은 도요토미 히데요시 이후 조약 개정에 이르기까지 300년간의 국가 건설 노력에서 민족주의를 무형의 지도 원칙으로 하였다. 또한 폐번치현, 농민 해방에서 오늘에 이르기까지의 역사는 민권 투쟁의 역사였다고도 말할 수 있다. 그리하여 일본은 이러한 역사적 축적을 통하여 바야흐로 현재는 민생 문제의 직접적 · 보편적 · 조직적 해결을 요구하는 시대에 들어서 있다. 이를 바탕으로 추론해 보면 일본의 장래는 '인민의 생활, 사회의 생존, 국민의 생계, 대중의 생명'을 위해 노력하는 시대가 될 것이다. 요컨대 역사에 나타난 시시비비는 한 부분만을 취해 전체를 논할 수는 없는 것이다.

12. 일본의 현대 통치 계급 형성의 기점

여기서는 메이지유신사의 이면에 감추어진 몇 가지 사건들을 들추어 잔혹무도한 정치사의 뒷이야기와 함께, 일본의 현대 통치 계급의 내력에 대해 살펴보기로 하겠다.

(1) 야마시로야(山城屋) 사건

조슈번의 무사 중 노무라 미치조(野村三千三)라는 자가 있었다. 유신 시기 도막운동이 한창일 당시에는 야마가타 아리토모(山県有朋)와 함께 기병대 대장으로 근무했다. 그는 시대의 흐름이 차츰 칼의 시대에서 돈의 시대로 옮겨 가는 것을 간파하고 관리직을 버리고 상업을 시작하였다. 야마가타 아리토모는 마침 육군대보(大輔)의 지위에 있었는데, 그는 자신의 직위를 이용하여 동향 출신 재정 담당 동료로 하여금 국고에서 60만 엔을 노무라에게 빌려 주게 했다. 노무라는 야마시로야 와스케(山城屋和助)라는 상인 냄새가 나는 이름으로 고치고 외국과 무역을 시작했다. 그러나 그는 사업에 실패하여 치명적 손실을 입었다. 이에 야마가타는 원금을 상환하기 위해 또다시 그에게 돈을 빌려 주었다. 와스케는 "이를 만회하려면 내가 직접 외국에 가서 조사하고 직접 소비 시장과 연결 관계를 만들지 않으면 안 된다"라며, 거액의 돈을 가지고 파리로 떠났다. 하지만 그는 파리의 여배우에게 빠져 본래의 목적을 잃어버리고 방탕한 생활을 보냈는데, 이런 사실이 신문에 보도될 정도였다.

이에 파리 주재 일본 공사는 이를 수상히 여겨 일본에 타전하여 정부에 와스케의 신분 조회를 요구했다. 마침 이때 사법 대보의 직에 있던 자는 강직하기로 유명한 에토 신페이(江藤新平, 1834~1874)였다. 또한 육군성 내에서도 조슈 사람을 미워하는 사쓰마 출신의 군인이 많이 있었다. 이렇게 해서 이 공금 유용 사건이 천하에 밝혀지게 되었다. 그러나 이때 사이고 다카모리가 가운데서 사건을 무마함으로써 일개 회계원인 후나코시 마모루(船越衛)라는 자를 파면하는 선에서 종결되었다. 거물을 보호하기 위해 송사리를 희생시킨 것이다. 그러나 그후 야마가타는 이 은혜에 보답하기 위해 파면되었던 후나코시를 다시 발탁해서 추밀원 고문관으로 기용하고, 또 자신의 딸을 후나코시의 아들에게 시집 보냈다.

(2) 오사리자와(尾去澤) 광산 사건

일본 동북 지방에 난부(南部)라는 조그만 번이 있었다. 이 난부 번의 호상 무라이 모헤에(村井茂兵衛)라는 자는 오사리자와 광산의 권리를 소유하고 있었다.

그는 번주에게 2만 5천 양을 빌려 주었다. 그런데 이 번의 규정을 보면, 번주가 민간의 돈을 빌릴 경우에는 번주가 차용증을 쓰지 않고 오히려 돈을 빌려 주는 쪽이 증서를 번주에게 써 주게 되어 있었다. 그리고 희한하게 '봉내차(奉內借)'라는 문구를 쓰게 되어 있었다. 이것을 직역하면 "안에서 빌린 바를 받든다"라는 의미가 되어 번주에게 빌린 것인지, 아니면 번주에게 빌려 준 것인지가 명확하지 않다.

그후 폐번치현이 실시되어 각 번의 채권이나 채무는 모두 중앙정부에 계승되었다. 당시의 대장성 대보 이노우에 가오루(井上馨, 1836~1915)는, 이 돈은 무라이의 채무이므로 그가 변상해야 한다고 판정했다(1871). 무라이는 백방으로 해명했으나 정부는 들어주지 않았다. 무라이는 할 수 없이 5년간의 분납 상환을 요구했지만, 정부는 그것마저 들어주지 않았다. 이러는 사이 무라이의 소유인 오사리자와 광산은 경매에 부쳐졌고, 이노우에는 자기 부하 오카다 헤이조(岡田平藏)에게 낙찰시켰다. 무라이는 이에 불복하여 소송을 제기했다. 이 사건 역시 에토 신페이가 담당하여 철저하게 조사되었고 이노우에 가오루 등의 죄가 밝혀졌다. 그러나 산조 사네토미, 기도 다카요시 두 사람이 나서서 이 사건의 전모가 세간에 밝혀지는 것을 막았고, 오히려 에토 신페이는 이 일로 사법부를 그만두게 되었다.

이 사건은 몇몇 관계자만 형식적으로 처벌하고 종결되었다. 오사리자와 광산은 결국 이노우에의 소유가 되었고, 그는 이를 미쓰비시에 매각하여 큰돈을 벌었다. 또한 오카다 헤이조, 마스다 다카시(益田孝) 등은 이 거래를 통하여 재벌 원로로서의 기초를 다졌다. 이 오사리자와 광산은 일본의 유명한 동광산으로 일본에 관심을 가진 자라면 그 가치를 모르는 자가 없을 정도이다. 이 사건이 미쓰비시가 후에 재벌이 되는 계기가 된 것은 말할 필요도 없다.

위의 두 사건은 세상에 알려진 유명한 사건이지만, 그 밖에 발각되지 않고 흐지부지 묻힌 사건이 얼마나 더 있는지 모른다. 에토 신페이는 이에 대해 대단히 불만을 품었고, 출세와 돈벌이에 혈안이 된 무사 출신의 새 귀족들은 에토 신페이에게 깊은 증오를 품었다. 메이지 9년 에토는 군사를 일으켜 정부에 저항하였으나(사가의 난) 패하여 효수에 처해졌다. 에토의 자손들이 몰락하여 재기하지 못하고 있는 것은 이 때문이다.

다이쇼 3(1914)년의 해군 뇌물 사건●에서 유죄를 선고받은 자는 해군 내부의 유력자와 미쓰이의 간부 사원이었다. 이 사건에서 미쓰이는 피고들의 처벌을 경감시키려고 막대한 자금력을 동원하였는데, 해군의 재무관리부와 미쓰이물산의 야마모토(山本)는 결국 집행유예를 선고받았다. 이 사건은 '무사 출신 타락 관료'와 '상인 출신 간상배(奸商輩)'의 공모에 의한 부정부패의 좋은 본보기이다. 일본의 대상인은 예외 없이 육해군 당국과 결탁하고 원로와 밀접한 관계를 유지하고 있었으며, 육해군 기관에 있는 사람들이나 일반 관료라면 역시 상인과 결탁하지 않는 자가 없었다. 물론 이런 관리와 상인의 결탁이 처음부터 모두 사리사욕을 목적으로 한 것이라고 단정지을 수는 없다. 어디까지나 그들도 표면적으로는 국력 향상과 문화 발전을 표방하고 있었다. 다만 그 실현을 위한 노력 과정에서 군국주의와 자본주의와 관료주의가 서로 긴밀하게 결탁하였던 것이다. 다시 말해 자본주의 없이는 군국주의가 유지되지 않고, 군국주의가 없었다면 관료주의는

● 해군 뇌물 사건 : 지멘스 사건이라고도 부른다. 독일의 무기 회사 지멘스사와 일본 해군 고관 사이의 수뢰 사건. 수사 과정에서 영국의 비커스사 및 그 대리점인 미쓰이물산이 해군 고관에게 뇌물을 증여한 사실이 밝혀졌다. 해군 출신 총리 야마모토 곤베에(山本權兵衛)가 이끄는 야마모토 내각은 이 사건이 발단이 되어 총사퇴했다.

영원히 발생하지 않았을 것이다.

이렇게 앞서 열거한 여러 사건을 종합하여 나는 다음의 몇 가지를 지적하고자 한다. 일본의 유신운동의 발생 초기에는 허리에 두 자루의 칼을 찬 무사들 중에서 흩어지고 성난 민심을 이해하는 영웅호걸이 적잖이 배출되었다. 그러나 통일을 완성하고 국력이 왕성해진 이후 이 열성적인 지사들은 혹은 죽고 혹은 물러나고 혹은 새로운 길을 걸으며 민권운동에 투신하였다. 결국 정권을 장악한 사람들은 대부분이 도덕적으로 문제가 있는 사람들이었다. 그럼에도 불구하고 일본의 국력이 발전 상승의 기세를 갖게 된 까닭은 역사가 만들어 낸 사회적 힘과 민족적 역량의 효용성에 있었다.

하지만 이런 중대한 결함은 결국 제2혁명의 요인이 되었다. 무사와 상인의 결탁에 대해서는 이미 전술한 바에 의해 명확해졌을 것이다. 그러면 민권운동의 결실로 출발된 일본의 의회 정치에서 각 정당에는 어떠한 인과관계가 걸려 있을까. 이 역시 일본 문제 연구에 중요한 테마가 되지 않을 수 없다.

13. 일본 정당 발생의 기원

일본이 왕정복고 · 폐번치현의 세계로 바뀐 후에는 같은 무사 출신이나 운 좋은 자도, 불운한 자도, 상인을 대리로 내세워 간접적으로 사업을 일으켜 부를 얻은 자도, 혹은 직접 사업을 일으켜 실패한 자도 있었다. 16년 전 내가 중국의 다롄(大連)을 여행하고 있을 때의 일이다. 어느 날 나는 무료함을 달래려고 몇몇 친구와 함께 일본식 술집에 가서 술을 마셨는데, 그때 상냥하고 마음씨 곱고 지식도 풍부한 한 게이샤를 만났다. 그녀의 행동이나 말투나 어디를 보아도 여느 떠돌이 예기(藝妓) 같지 않았다. 그래서 출생을 물어본즉, 그녀는 원래 사족(士族)° 출신으로 그녀의 아버지는 이전에 존왕도막시대에 이름을 떨쳤으나, 세이난전쟁(西南戰爭)°

○ 사족 : 메이지시대 무사 계급에게 내린 호칭.

○ 세이난전쟁 : 메이지 10(1877)년 현재의 구마모토현 · 미야자키현 · 오이

때 사이고를 따라 전사했다고 했다. 여기서도 알 수 있는 바와 같이 무사 가족들의 운명은 평탄하지 않았다.

폐번치현 당시의 무사들은 마지막 봉록으로 소액의 공채를 받았는데, 그것으로는 생활을 유지해 갈 수 없었다. 일부 운 좋은 자는 변신하여 신시대의 부호가 되었으나, 대다수의 무사는 실직자가 되어 생활이 막막할 뿐이었다. 그렇다고 신식 외국어도 알 리 없고, 신식 교범은 이해하지 못하고, 관직에 오르려고 해도 용이하지 않고, 낯선 주판을 들고 장사를 시작해도 손해만 볼 뿐 십중팔구 실패했다.

한편 소수의 유능하고 세력이 있어 지위를 얻은 자 중에서도 때를 만나지 못했거나 자신의 역부족으로 혹은 그 성질이 나쁘거나 혹은 파벌이 다르거나 사상이 다르다는 이유로 오래가지 못한 자가 다수였으며, 또한 지위를 얻더라도 얼마 가지 못하여 좌천된 자가 얼마나 되는지 모른다. 물론 뜻을 이룬 무사는 승승장구하여 장군이 되고 장관이 된 자도 있었다. 반면 실의에 빠진 무사들은 마음만 강직할 뿐 낙오를 감수하지 못하고 산적이 된 자 또한 적지 않았다.

타현 · 가고시마현에서 사이고 다카모리를 맹주로 하여 일어난 무사 계급에 의한 무력 반란. 메이기 초기에 일어난 일련의 반란 가운데 최대 규모의 것으로 일본 최후의 내전이었다.

에토 신페이의 거병과 사이고 다카모리의 거병을 전국적인 규모의 최대 사건이라고 한다면 진푸렌(神風連)의 난,° 마에바라 잇세이(前原一誠)의 거병(하기萩의 난°), 오치 히코시로(越智彦四郎)의 후쿠오카(福岡) 의 변° 등의 사건들은 각 지방에서 일어난 작은 소요이지만 사회 전체의 관계에서는 모두가 중대한 배경을 갖는다. 그 직접 원인은 득의에 찬 무사와 실의에 빠진 무사의 충돌이었고, 실의에 빠진 무사가 득의에 찬 무사의 지위를 빼앗아 스스로 이를 대신하려고 한 것 등이 거병의 발단이었다. 대세의 흐름은 사회적 · 역사적 인과관계의 지배에서 벗어나지 못하고, 결국 득의는 끝까지 득의를 유지하고 실의 또한 그대로 유지되었다.

세상 사람들은 오히려 실의에 빠진 무사를 칭찬하고 득의에 찬 무사를 비난하였다. 이 평가에는 공평타당한 면도 있으나, 일반적으로는 실패자에게 동조하는 사회 심리의 작용이 컸을 것이다. 만약 기도와 오쿠보가 실패하고 에토와 사이고 등이 싸움에서 이

○ 진푸렌의 난 : 1876년 10월 24일 구마모토번의 사족 약 170명이 뜻을 모아 일으킨 반란. 이 사건에 호응하여 하기의 난, 세이난전쟁이 일어났다.

○ 하기의 난 : 1876년 10월 28일 전 조슈번의 사족 마에바라 잇세이를 지도자로 삼은 100여 명이 야마구치현 하기를 거점으로 일으킨 반란. 마에바라는 체포되어 참수되었다.

○ 후쿠오카의 변 : 세이난전쟁에 응해 사족 160여 명이 결속하여 봉기한 반란.

겼다면 앞에서 기술한 바와 같이 대세로 보아 일본 유신 사업은 성공하지 못했을지도 모른다. 또한 국민 의식의 흐름에서 보더라도 법칙은 법칙이어서 군국주의, 자본주의, 관료 정치라는 필연적 운명을 초래했을 것이다.

앞에 열거한 거병자들은 용감하고 결백했다고 할 수 있겠으나, 반면에 그들이 우둔하여 시세를 인식하지 못했던 점도 무시할 수 없다. 어쩌면 그들은 국제 정치의 흐름을 제대로 파악하지 못하였고, 더욱이 입헌 정치 · 민권운동이라는 가장 적절한 새로운 활로를 알지 못했기 때문일지도 모른다. 즉 그들은 메이지유신 후 유력한 번 출신들이 요직을 차지하며 생겨난 번벌의 단결을 민중의 단결로 발전시키지 못하였고, 정당을 조직하고도 시대의 수요에 순응하여 자신들의 새로운 길을 개척하는 방법을 몰랐던 것이다. 그중 에토 신페이는 이에 대해 조금은 알고 있었던 듯하나, 그는 정권에 지나치게 집착한 나머지 잠시도 참지 못하는 과격한 성격 때문에 자신이 실각되자 즉시 거병했던 것이다. 사이고의 거병은 원래 자신의 본의에서 나온 것이 아니었다(에토의 거병 역시 반은 부하의 강요로 이루어진 것이다—원주). 대다수의 무사는 천하의 대사를 정하는 데에 병력에만 의지하려는 생각을 가지고 있다. 병력에 의지해야 쉽게 정권을 탈취하고 그 목적을 달성하여 쾌재를 부를 수 있을 것이라고 생각한다. 그러나 그들은 무력 성공의 전제로서 민중의 요망과 시대의 요구가 있음을 망각하고 있었다. 선인들은 '병(兵)'을 논함에 '도(道)'를 우선시했다. 도란 주의(主義)이며, 주의란 민중의 이익을 지배하는 이론이다. 도를 벗어나 행하는 것은 때를 거슬러 가는 것이며, 그 결과는 실패하게 마련이다.

정한론 문제로 사직한 참의● 가운데 사이고 다카모리는 봉기에 실패하여 죽었고, 에토 신페이는 체포되어 참수되었다. 한 사람은 기풍당당한 위대한 영웅이며 한 사람은 고풍청렴한 학자로서 함께 이같이 비참한 최후를 맞은 것은, 일본 유신사에서 일대 비극이며 후세의 추모와 칭송의 자료가 되었다. 이 밖의 세 사람, 즉 정한론시대에 가장 용감히 활약했던 이타가키 다이스케(板垣退助, 1837~1919), 소에지마 다네오미(副島種臣, 1828~1905), 고토 쇼지

● 정한론~참의 : 막부 말기에서 메이지 초기에 걸쳐 실세를 쥐고 있던 사이고 다카모리는 조선에 출병하여 개국시키고자 하는 정한론을 주장했으며, 이는 존왕양이운동의 정치적 주장으로도 이용되었다. 마침내 1873년 8월 메이지 정부는 사이고를 사절로 파견하기로 결정하나, 같은 해 9월 유럽 시찰을 마치고 귀국한 오쿠보 도시미치, 이와쿠라 도모미, 기도 다카요시 등은 내정의 정비가 급선무라며 이에 반대하자 결국 파한이 중지되었다. 그 결과 사이고 다카모리, 이타가키 다이스케, 소에지마 다네오미, 고토 쇼지로, 에토 신페이 등 정한파 다섯 참의는 일제히 하야하기에 이르렀다. 이 일은 1874년 사가의 난을 비롯해 1877년 세이난전쟁에 이르는 불평 사족들의 반란을 불러일으켰고 자유민권운동의 기점이 되었다.

로(後藤象二郎, 1838~1897)의 명사들은 그후 어떻게 되었는가. 이를 알기 위해서는 일본 정당 발생사를 연구할 필요가 있다.

다섯 참의가 사직한 뒤 사이고 다카모리는 가고시마(鹿兒島)로 돌아가 학교를 세웠다. 사이고가 위대한 것은 이 사실 하나만 보더라도 알 수 있다. 그가 후에 멋모르는 소인배들 때문에 죽음에 이르게 된 것은 애석한 일이다. 다섯 참의 중 가장 진보적인 사상을 가지고 유신 이전에 사민평등(四民平等)을 주장한 이타가키 다이스케는 소에지마, 에토와 연합하여 1874년 1월 민선 의원 개설을 주장하고 애국공당(愛國公黨)을 발기했다. 그러나 에토가 횡사하자 이타가키는 이를 심히 유감스럽게 여기며, "이렇게 인내심이 부족한 소인배와 절대로 대사를 이룰 수 없다"라고 했다. 그후 그는 『민약론』의 번역서를 손에 쥐고 "이타가키가 죽더라도 자유는 죽지 않는다"라고 외치며 도사번으로 돌아가 입지사(立志社)를 조직하여 대대적으로 자유민권운동을 전개하였다. 결국 사이고 다카모리의 거병 실패 후 무사들은 단지 무력만으로 개혁을 꾀하는 것은 무모하다는 것이 증명되었으므로, 거병을 꾀하는 자는 거의 사라졌고, 이타가키의 민권론의 영향으로 전국 각지에 정치 결사를 무수히 형성했다. 무사들은 문인 논객으로 변모되어 갔고, 이타가키의 애국사는 정치운동의 중심이 되었다. 이것이 국회기성동맹이 되었고 다시 바뀌어 자유당이 되었다. 다섯 참의의 사직에 동조하지 않았던 오쿠마 시게노부(大隈重信)○도 개진당(改進黨)을 결성했다.

이 넓고 깊게 확산된 민중운동은 일본의 민권 정치를 촉진하고 불평등 조약 철폐의 기운을 일으킨 외에 일반 청년들의 지식을 향상시켜 장래에 과학이 발달할 수 있는 기초를 닦았다. 또한 현재의 사회운동의 맹아를 배태시킨 것도 이 시기였다. 여러 각도에서 자세하게 고찰해 보면, 단지 일본의 입헌 정치가 여기서 시작되었을 뿐만 아니라 모든 노동운동, 부녀운동 또는 요즈음 활발하게 일어나고 있는 수평운동 등도 직접 · 간접으로 이 시기의 민권운동과 관계 있음을 알 수 있다.

실의에 빠진 무사와 득의에 찬 무사, 관료와 혁명당, 군벌과 상인, 보수와 진보라는 양분화 현상은 시대의 대변환기에는 필연적으로 나타나게 마련이다. 그리하여 이들은 자신들의 생존을 위하여 그리고 운동 추진 능력에 적응하면서 부단히 진보를 계속한다. 역사를 공부하는 사람으로서 보수주의자들의 건설적인 공적을 납득하지 못한다면, 혁명주의자의 건설에 가져온 은혜도 이해하지 못할 것이다.

○ 오쿠마 시게노부 : 1838~1922, 메이지와 다이쇼의 정치가. 두 차례 총리를 지냈고 1882년 개진당을 조직했으며, 제1차 세계대전 참전을 결정했다.

정당이 생기고 의회가 개설되면, 의회와 대립하는 위치에 놓이는 정부는 당연히 의회를 조종하고 정당을 조종하려 할 것이다. 그리고 그 조종 방법은 압박과 매수의 두 길밖에는 없었다. 더욱이 상공업자 쪽에서 본다면 정당도 없고 의원도 없을 때 모든 운동은 그저 정부만을 상대로 하여 로비를 행하면 충분했는데, 의원과 정당이 출현하여 그들이 입법권을 잡고 있는 한 어떠한 문제이건 의원과 연결하고 정당과 관계를 맺지 않으면 안 되었다. 또한 정당의 입장에서 보면, 정당의 목적은 정권을 장악함에 있는 바 비록 이를 완전히 장악하지 못한다 하더라도 정권에 접근할 필요가 있었다. 정권을 장악하고 정권에 접근하기 위해서는 먼저 당세를 확충하지 않으면 안 되었다. 여기에 금전은 당연히 있어야 하는 것이다.

한편 정부는 정당을 이용할 필요가 있고 상인도 정당을 이용할 필요가 있었으며, 정당은 관료를 이용할 필요가 있는 동시에 상인을 이용할 필요도 있었다. 그러나 청렴한 영수와 당원들은 비열한 수단을 사용한다거나 세력가의 압박에 굴복하는 일에는 익숙하지 않으므로 문제 해결에서 절충에 서툴렀다. 자유당이 해체된 원인은 실은 여기에 있다.

그후 자유당이 해체된 여파로 개진당의 기반도 동요되었다. 이리하여 일본 최초로 성립한 양대 정당의 후신은 모두 군벌과 관료의 깃발 아래로 투항하였다. 따라서 그 뒤의 정객들은 '정치'라는 망망대해 속을 헤엄쳐 돌아다니는 게 능사이고, 군벌의 앞잡이가 되든지 그렇지 않으면 자본가들의 뒷문을 들락거릴 뿐 머릿속에는 오직 정권(政權) · 재권(財權) 외에는 아무것도 없었다.

그러나 그들은 정권이나 재권을 쉽게 획득하지 못하자, 정권과 재권에 기생하며 그곳의 찌꺼기를 구걸하게 되었다. 강자는 사람들을 이용하고 약자는 사람들에게 이용당하는 병폐가 일본에만 있는 것은 아니지만, 민권의 기초가 아직 확립되지 않았고 입헌정치의 모습 역시 아직 갖추어지지 않은, 이제 겨우 정권을 잡아 하루하루를 보내는 일본 정당에 이와 같은 결함이 특히 두드러지게 나타났다.

그래서 나는 정당의 생명은 일종의 확고한 독립성을 유지해야 지켜진다고 주장하는 바이다. 또한 진정한 독립을 유지하기 위해서는 혁명성이 필요하다. 혁명성을 잃으면 독립성을 잃을 수밖에 없다. 그러면 무엇을 혁명성이라고 하며, 무엇을 독립성이라고 하는가. 물론 그것은 '혁명주의' · '혁명 정책' · '혁명 책략'을 일컫는다. 그런데 이 세 가지는 혁명의 영수와 혁명 간부에 의한 훌륭한 영도가 있어야 존재 가능한 것이다. 예를 들자면 이타가키가 떠난 후 자유당은 어떻게 되었는가. 그후 자유당은 두 번, 세 번 변하여 정당은 주식 거래소가 되고 정당의 간부는 브로커들의 동업 조합이 되었다. 그리하여 군벌과 관료와 상인은 재력과 권력을 쥐는 단골손님이 되었던 것이다. 이렇게 해서 메이지유신의 말운(末運)이 보이게 된 것이다.

14. 이타가키 다이스케

이제 자유당의 이타가키 다이스케 선생의 생애에 대해 살펴보기로 하자. 그는 일본의 자유민권운동의 시조이며, 메이지유신 인물 중 가장 이색적인 인재였다. 당시 일본 유신 지사들은 사상적으로는 극히 단순하고 복고적이었다. 유신이라는 일대 사업은 서구 세력으로부터의 압박에서 비롯되었음에도 불구하고 그들은 그저 배외만을 주장할 뿐 전혀 새로운 방도를 찾아내지 못했다. 그런 속에서도 이타가키 다이스케는 단순한 존왕양이론자가 아니었다. 그는 새로운 생명을 창조할 수 있어야 낡은 생명을 계속 이어 갈 수 있으며 세계의 신문명을 받아들일 수 있어야만 비로소 세계 속에서 존립할 수 있다는 점을 통찰했다. 국내 정치에서는 혁명이 민중의 행복을 위해 시행되고, 널리 민중을 해방시켜야 비로소 새 국가를 창조할 수 있다는 사실을 간파하고 있었던 것이다. 그런 까닭에 그는 당시 막 번역이 되어 나온 『민약론』을 손에 쥐고 맹렬히 자유 민권을 주장하였다. 이 운동이야말로 일본의 모든 정치 개혁, 사회 개혁의 최대 동력이었다.

그와 그의 동지들은 단지 농민 해방을 주장했을 뿐만 아니라 에타와 히닌 같은 가장 비참한 계급의 해방도 주장했다. 후에 그를 비롯하여 옛 동지들이 정계를 떠나자, 오에 다쿠(大江卓)° 가 그의 가르침을 받들어 수평운동에 종사했다. 오늘날 사회운동 중 가장 큰 세력을 가진 수평사는 의심할 여지 없이 이타가키 일파의 자유민권운동에서 발원된 것이다.

이 자유민권운동은 일면 하층 민중으로 하여금 자유를 얻게 함과 동시에 한편으로는 현대 산업 문화의 기초를 만들었다. 일본 입헌제도의 구축에서는 말할 것도 없이 직접적으로 이타가키의 공로이다. 그러므로 일본의 농부나 공장 노동자에서 부호 대관에 이르기까지 그의 은혜를 입지 않은 자가 없으며, 그에게 감사해야 함은 당연하다. 이타가키 선생의 분투가 없었다면 일본은 오늘날과 같은 문명의 발전을 이룩하지 못했을 것이다. 그야말로 이타가키는 근대 일본의 으뜸가는 은인이다.

그는 이러한 노력을 죽을 때까지 멈추지 않았다. 만년에 그는

○ 오에 다쿠 : 1847～1921, 일본의 정치가이자 실업가. 도막운동에 참여했으며 근대 일본을 유지하기 위한 경찰제도를 만들었다. 1877년 세이난전쟁에 호응하여 거병했다가 실패하여 투옥되기도 했다.

정치 활동은 완전히 포기했으나, 극히 빈곤한 처지에 있으면서도 근엄하고 경건한 신앙 생활을 계속하는 한편 민중을 위해 자유를 도모하려는 노력을 계속하였다. 일본 정부가 대만에 대해 고압 정책을 펴고 차별적 대우를 하여 주민들에게 심한 고통을 안겨 주자, 그는 이는 인도적 견지에서 용서할 수 없는 일이라며 대만 동화회(臺灣同化會)를 설립하고, "일본은 대만에 대한 특수적 법률을 철폐하고 대만인에게도 일본 헌법상의 권리를 주어야 한다"라고 주장하였다. 그는 81세의 노구를 일으켜 폭염에도 불구하고 스스로 대만으로 건너가 선전 활동을 전개하였다. 그러나 일본의 대만 총독은 그가 대만을 떠나기를 기다려 동화회를 폐쇄하고 그 직원들을 체포하였다.

나는 '문명'과 '인도'의 견지에서 선생을 깊이 존경하여 일본에 갈 때마다 선생을 방문하는데 그때마다 감개가 무량하다. 원래 이타가키 선생은 안일함이나 출세 · 축재 등을 좋아하지 않았고, 어떠한 경우에도 곤궁한 자의 편에 서는 것을 자신의 본분으로 생각하였다. 그러나 지금 이러한 토막(討幕)의 선봉장, 유신의 원훈, 입헌 정치의 원조인 그를 찾는 사람은 아무도 없다. "문 앞은 쓸쓸하고 찾는 손도 드물다(門前冷落車馬稀)"● 라기보다는 "문 앞은

● "문～드물다" : 당나라 시인 백거이(772～846)의 유명한 시 「비파행(琵琶

쓸쓸하고 찾는 손은 없다(門前冷落車馬無)" 라고 표현해야 할 정도이며, 취재거리를 찾는 기자들조차 찾지 않는다. 그의 살림은 매년 한두 번은 으레 쌀값, 집세를 내지 못하는 정말로 빈곤 그 자체였다. 이는 참으로 봉록보은주의를 주장하던 관리들이 완전히 '상인 근성'에 빠져 버린 증거라고 하겠다. 따라서 이전에 명성이 대단했던 오이 겐타로(大井憲太郎),○ 오에 다쿠 등도 초라하게 몰락해 버린 것은 당연한 일이다.

그들이 이와 같은 처지에 놓이게 된 원인에 대해 좀더 검토해 보자. 그 해답은 간단하다. 이타가키 다이스케 등이 주장한 모든 주의와 정책은 이미 모두 성공했다. 그러나 성공과 동시에 민권운동의 결함이 나타나게 되었다. 여기서 그들에게 남겨진 선택은 다시금 제2의 혁명운동을 일으킬 것인가, 아니면 시류에 따라 세속화되어 버릴 것인가 하는 두 가지뿐이었다. 하지만 전자는 그들이 할 수 없는 바였고, 후자는 바라지 않는 바였다. 그렇다고 다시 스스로 새로운 국면을 개척하여 활동 방침을 정한다거나 사회적 사업을 일으킬 수 없었다. 세월의 흐름과 그는 정치적 생명과 함께 사회적 생명을 잃게 되어, 결국 남은 것은 그저 후세 사람으

行)」의 한 구절.

○ 오이 겐타로 : 1843~1922, 일본의 사회운동가. 자유민권운동의 지도자로 노동자와 소작인을 보호하는 데 많은 노력을 기울였다.

로부터 존경받는 도덕적 인격뿐이었다.

그러므로 민중의 지도자가 된 자는 반드시 시시각각 시대의 요구에 순응하며 부단한 노력과 분투를 계속하지 않으면 안 된다. 천행건(天行健)●의 정신을 잃어서는 결코 사업의 성공을 기할 수 없으며, 전투적 생활을 포기하고 소극적인 온순함으로 권고만 하는 것으로 일의 성공을 바랄 수는 없다.

● 천행건 : 『주역』에 나오는 말로 본디 '천행건 군자이자강불식(天行健, 君子以自强不息)'이다. 천행은 사계절의 순환을 가리키는데 춘하추동의 운행은 건장하므로 군자들은 이를 본받아 스스로 노력하여 쉼이 없어야 한다는 뜻이다.

15. 국가주의 일본과 군국주의 일본

총리 쑨중산 선생은 「민족주의」● 제1강에서 다음과 같이 말했다.

"민족과 국가 간에는 일정한 경계가 있다. 양자를 구별하는 최선의 방법은 각각을 형성하는 힘이 어디에 있는가에 주안점을 두는 것이다. 민족은 자연적인 힘에 의해 형성되었고, 국가는 무력에 의해 만들어진 것이다. 중국에서 말하는 왕도란 자연에 순응한다는 말이다. 다시 말하면 자연적인 힘이 왕도이며, 이러한 왕도에 의해 만들어진 집단이 민족이다. 한편 무력은 패도이며, 패도에 의해 만들어진 집단이 국가이다."

이것은 국가와 민족을 구별하는 좋은 설명이다. 총리의 저작을 읽어 본 사람은, 이 제1강의 주안점이 국가주의와 민족주의를 명

● 「민족주의」: 중국 민주 혁명의 지도자 중산 쑨원이 주창한 정치사상이자 저서인 『삼민주의』의 제1부. 제2부와 제3부는 「민권주의」, 「민생주의」이다.

확히 구별하는 데 있음을 알 수 있을 것이다. '주의'란 무엇인가에 대해 총리는 "일종의 사상이며, 거기서 신앙이 창출되며, 그 신앙이 또한 힘으로 변한다"라고 명확한 해석을 내리고 있다. 바꿔 말해 주의는 인류의 생활 방식, 생활 방향, 생계 방법 그리고 생명의 의미를 결정하는 것이다. 더 알기 쉽게 설명하면, 인생의 목적과 그 목적을 달성하는 과정이 주의인 것이다. 옛사람들은 '도덕'이란 말을 자주 언급했는데, 이 도야말로 오늘날 우리가 말하는 주의와 같다. 그리고 '덕'이란 그 주의를 실행할 수 있는 능력과 능력이 창출한 행위의 총화이다. 따라서 제2 · 제3의 주의가 병존하지 못할 이유가 없으며, 둘 이상의 주의가 병존해야만 비로소 효력이 생기는 것이다.

하나의 주의는 다수의 사상(事象)을 포함하고 있으나 주의의 본체라고 인정되는 것은 단 하나이다. 민족주의의 본체는 민족이며, 국가주의의 본체는 국가이다. 물론 민족이 국가를 필요로 하지 않는 바는 아니다. 그러나 민족주의 국가에서는 민족이 본체를 이룬다. 한편 국가주의도 민족을 떠날 수는 없다. 민족을 단위로 한 조직이 아니면 모든 민족은 스스로 존재하여 적응할 수 없다. 한 가지 더 유의해야 할 점은 총리가 주장하는 민족주의는 민족의 평등한 존재와 발전을 기초로 하고 있다는 점이다. 민족은 즉 국족(國族)이라는 총리의 주장은 이러한 의미와 내용을 가지고 있으므로 마음대로 해석을 시도해서는 안 된다. 따라서 한 민족을 주체로 하는 국가가 타 민족의 국가를 압박하는 것은 국가주의 또는 제국주의이지 민족주의는 아닌 것이다.

이상은 인류의 목적 및 그것을 달성하는 과정에서 본 견해이다. 그러므로 민족과 국가에 대해 상세하게 고찰하기보다는 각각의 주의 쪽에 중점을 두었는데, 여기서 민족과 국가라는 두 개의 집단 자체를 대상으로 하면 그 역사적 성립 과정은 대단히 복잡하다. 현존하는 각 민족은 극히 야만적인 민족을 제외하고는 모두 복수 민족의 혼합체이기 때문이다. 따라서 '역사 민족'은 즉 '문화 민족'이고, '문명 민족'은 즉 '혼합 민족'인 것이다. 혼합의 횟수가 많으면 많을수록 문화의 수준은 높아진다. 민족의 성립에서 혼합은 최대 요소이다. 그리고 혼합하는 사상(事象)은 총리가 언급한 다섯 항목으로 첫째 혈통, 둘째 생활, 셋째 언어, 넷째 종교, 다섯째 풍속 · 관습이 그것이다.

이러한 요소의 혼합에 '힘'이 결합의 중핵이 된다. 곧 강한 쪽이 약한 쪽을, 그리고 큰 쪽이 작은 쪽을 흡수한다. 이렇게 하여 하나의 민족이 완성되기까지는 긴 세월이 필요하며, 그사이에 몇 번이고 변천을 반복한다. 그 변천의 주요한 형태는 대체로 국가의 결합이라는 전통적인 형식을 취하는 경우가 많다. 그러나 이러한 형식은 어디까지나 형식의 하나이지, 그 형식이 전부는 아니다.

또한 국가 조직은 고정적인 것이 아니라 시간의 경과와 함께 각종 자연의 힘에 의해 유동적이다. 이러한 점에서 모든 국가는 민족이라는 기초를 절대로 떠날 수 없으며, 모든 민족은 국가라는 도구를 포기할 수 없음을 알 수 있다. 하지만 행동 방침으로서의 주의는 하나하나가 확연한 것으로 서로 혼동해서는 안 된다.

이제까지 내가 이렇게 장황한 설명을 한 이유는 다음과 같은 극단론자의 오해를 면하기 위함이다. 즉 사실과 주의의 구별을 이해하지 못하는 사람은 자칫하면 민족의 성립에는 무력이 절대 필요치 않으며, 국가의 성립에는 무력만 있으면 된다는 잘못된 해석을 내리기 쉽기 때문이다. 공자는 "먹을 것을 풍족히 하고 군사가 넉넉하다면 백성이 정치를 믿을 것이다(子曰 足食足兵이면 民이 信之矣니라)"(『논어論語』「제12편 안연顔淵」)라고 했다. 공자는 패도에 반대하고 무력에 반대한 사람이었는데, 그러한 그도 무력이 인민의 신앙을 지탱하는 최대의 요소인 것을 승인하지 않을 수 없었다.

중산 선생 또한 패도에 반대하고 제국주의에 반대한 사람이다. 그 목적은 구국에 있다. 그러나 구국의 수단으로서 역시 어느 정도의 무력을 준비하고 군사 활동을 행하지 않으면 안 된다고 했다. 왜냐하면 오늘날 우리가 민족주의를 주창하는 것은, 그 목적이 민족주의 국가의 건설에 있기 때문이다. 국가 건설을 하려면 아무래도 "국가는 무력으로 만들어진다"라는 원칙의 지배에서 벗어날 수 없다. 건국이나 구국을 목적으로 한다면 무력을 경시해서는 절대 안 된다.

최근의 중국은 무력에 대한 정당한 이해가 부족하다. 한때는 일반 국민의 사고에 극단적인 무력 멸시의 경향이 보이기도 했다. 민국 3~4(1914~1915)년부터 7~8년에 걸친 시기가 그러해서 무력이라는 말을 듣기만 해도 반대하고 그 자체를 나쁜 것으로 인식했다. 요즈음 이러한 풍조에 변화가 일고 있다고는 하지만, '군벌 타도'라는 슬로건 하에 무력에 대한 정확한 이해는 아직 일반에게까지 확산되지 못했다. 군인들 중에서도 군대가 국가 존재의 유일한 동력임을 주장하는 자가 별로 없을 정도이다. 이것이야말로 중국사상계의 최대 약점이다.

무릇 인류의 생활은 어떤 면을 보든 강한 투쟁성을 띠고 있지 않은가. 혈통 · 생활 · 언어 · 종교 · 풍습, 이 다섯 가지 민족적 힘의 존재 전부가 투쟁에 의해서 형성된 것이 아닌가. "천행은 건장하므로 군자는 스스로 노력하여 쉼이 없다"○라는 노력 향상의 관념이야말로 동서고금을 통하여 인류의 생존 경쟁의 진리인 것이다. 전쟁과 무력이란 철두철미하게 모든 사회적인 힘을 표현한

○ "천행은 ~없다" : 120쪽의 각주 참조.

것이다. 다만 그것은 목적이 아니라 수단이며, 평상이 아니라 비상이며, 전부가 아니라 일부이다. 전 인류의 평상의 수단은 서로 돕는 조직이며, 평상의 목적은 평화로운 행복에 있다. 따라서 우리는 군국주의를 주창하지는 않지만, 건국 작업을 하기 위해서는 군대 조직이 불가결하다는 점, 민족 경쟁의 장에서는 강력한 군대의 양성이 불가결하다는 점, 그리고 세계적인 목적 실현이라는 점에서는 중국 민족의 능력으로 세계 인류의 불평등을 타파해야 한다는 점 등 이상의 사항을 인정한다.

과거와 현재의 모든 역사적 사실은 이를 증명하고 있다. 특히 일본 민족 역사상의 모든 사상 및 유신사상의 근거를 살펴보면, '무력'과 '전쟁'이 건국의 가장 긴요한 수단이 되었다는 점을 깊이 이해할 수 있을 것이다. 민족의 평등과 국가의 독립은 악전고투의 역사를 쌓아 가며 막대한 희생을 지불하지 않으면 절대로 획득될 수 없다. 우리가 불평등 조약의 철폐를 요구하고, 중국인으로서 세계에서 생존 · 발전할 수 있는 권리를 요구하며, 모든 피압박 민족을 위해 불평등을 타파하려고 한다면 강력한 무력의 양성이 필요하다. 우리는 현재 중국의 어떤 군벌에도 반대하고 있으나, 이는 그들이 강력한 군대를 가지는 것 자체를 반대하는 것이 아니다. 그들이 국가와 민족과 민중을 위한 군대가 아니기에 반대하는 것이다. 우리는 그들의 군대가 그동안 행한 실적을 보면 알 수 있다. 나약하고 부패하고 타락한 모습이 아니었던가? 그들이 걸어온 길은 주의와는 인연이 없으며 그들의 힘으로는 주의를 유지할 수 없다.

중국의 소위 병가서(兵家書) 중에서 가장 계통적이고 가치 있는 것은 손자의 저작이다. 오늘날 외국의 군사학 서적을 번역할 경우에도 손자의 용어를 빌리는 일이 많다. 그가 병력의 구성 요소로 들고 있는 제1의 요소는 '도'인데, 그 도에는 다음과 같은 주석이 달려 있다.

> 도라는 것은 백성으로 하여금 위와 더불어 뜻을 같이하여 그와 함께 죽을 수도 있고, 그와 함께 살 수도 있어 모든 위험을 두려워하지 않게 되는 것이다(道者는 令民與上同意也라. 故로 可與之死하고 可與之生하며 而不畏危也니라).
>
> —『손자(孫子)』「시계편(始計篇)」에서

이 정의는 총리의 「북벌● 선언」중에서 "무력으로 인민을 결합시키고 모든 무력은 인민의 무력이 되게 하라"라는 말과 완전히

● 북벌 : 광둥성(廣東省)에 근거를 국민 정부의 국민 혁명군이 북방의 군벌 세력에 대항해 일으킨 군사 행동. 1926년 7월 장제스(蔣介石)를 총사령관으로 하여 전개되었다.

일치하는 것이다. 오랫동안 군벌로부터의 압박이 대단히 강했기 때문에 우리 중국인은 이 총리의 선언을 소극적인 의미로밖에 해석하지 않았다. 민족이 살아남기 위해서는 그 기초로서 강대한 무력 양성이, 병법의 원리에서도 유일한 길이라는 사실을 이해하지 못했던 것이다. 중국 민족은 죽음을 각오하지 않고는 살기를 바랄 수 없다. 살기를 바라면 먼저 죽기를 두려워하지 말아야 한다. 민족이 죽음을 두려워하지 않기 위해서는 오늘날의 세계 문화의 조건 아래서 '의식 있는 민중의 무력'을 만드는 길 외에는 방법이 없다.

예전에는 민족의 경쟁은 단순히 생존을 위해 다투는 것이었다. 이러한 단순한 생존 경쟁은 군국주의에서나 필요한 것이다. 그러나 오늘날 민족의 경쟁은 단순한 생존 경쟁이 아닌 '의미 있는 생존'을 위한 경쟁이다. 그래서 우리의 삼민주의야말로 오늘날의 생존의 의의인 것이다. 만약 전국적으로 상하의 의지, 장군과 사병의 의지 등 모든 의지가 삼민주의에 의해 통일된다면, 그때가 바로 '함께 죽을 수도 있고, 함께 살 수도 있어 모든 위험을 두려워하지 않게 되는' 단계가 실현되는 것이다. 이것이야말로 오늘날의 '함께 사는 길'이다.

일본 유신의 역사에 대해 이제까지 여러 각도에서 분석해 왔으나, 여기서 다시 국가라는 각도에서 바라보면 일본 민족에게 오늘이 존재하는 것은 수차에 걸친 전쟁의 결과임이 명백하다. 또한 이러한 전쟁에서 모두 승리할 수 있었던 것은 국민과 국가가 한마음을 이루었기 때문이다. 즉 국내적으로 보면 도막 및 봉건제도 폐지의 완전한 성공은 메이지 원년(1868)과 9년, 10년에 있었던 전쟁의 성과●였다. 또한 불평등 조약의 철폐는 메이지 27~28년의 전쟁(청일전쟁)의 성과이며, 세계 열강의 지위를 획득하게 된 것은 메이지 37~38년의 전쟁(러일전쟁)의 성과이다. 이것들은 모두 간과할 수 없는 중요한 사실이다.

● 메이지~성과 : 메이지 원년은 보신전쟁(戊辰戰爭), 9(1876)년은 진푸렌의 난(108쪽의 각주 참조) 등의 소요, 10년은 세이난전쟁(106쪽의 각주 참조)을 가리킨다. 보신전쟁은 메이지 정부가 에도 막부 세력을 일소한 일본의 내전이다.

16. 일본 군국주의의 실상

아직 세계대동이 실현되지 못하고 있는 지금, 국가야말로 인류 생활의 최고의 근거라고 해도 과언은 아닐 것이다. 어떤 주의를 택하든, 적어도 국가인 이상 "국가란 무력으로 만드는 것이다" 라는 원칙에 의해 지배된다.

옛사람들은 정치를 논하면서 "나라의 대사는 제사〔祀〕와 군사〔戎〕에 달려 있다"● 라고 말했다. 또한 손자는 "전쟁은 나라의 대사이다"● 라고 말하고 있다. 따라서 특히 건국에서 병력이란 결코 빠뜨릴 수 없는 것이다. 빠뜨릴 수 없을 뿐만 아니라 전 민중이 하나의 의지 아래 단결하여 군사가 '생사의 근본이요 존망의 갈

● "나라의～있다" : 『좌전(左傳)』 「성공(成公) 13년 조」에서 인용한 말. 『좌전』은 공자의 『춘추』를 노나라 좌구명이 해석한 책으로 『춘추좌씨전』, 『좌씨전』이라고도 부른다.

● "전쟁은～대사이다" : 『손자』 「시계편」에서 인용한 말.

림길'●이라는 점을 인식하고 전원 일치하여 진검승부의 각오를 가지지 않으면, 건국은 절대 성취될 수 없는 것이다.

일본의 건국사상에 대해서는 앞의 여러 장에서 자세히 설명한 바 있다. 말하자면 일본 민족은 '민족적 종교 신앙' 아래 통일을 이룩한 신흥 민족이다. 그들은 고대의 정치를 부활시켰다. 그들이 신앙했던 것은 남성 만능의 군주 신권이며, 무력 중심의 통수 정치(統帥政治)였다. 그러면서 제사는 정권의 이론적 기초를 제공하였다. 국가 조직이 이러했을 뿐만 아니라 처음부터 주위의 환경은 열악하기 그지없었다. 따라서 일본이 고대적 봉건 정치에서 갑자기 군국주의적 근대 제국으로 변신한 것은 조금도 이상한 일이 아니다. 오히려 당시로서는 필연적인 것이었다.

오늘날 일본 민족의 융성함이 대단한 것은 부인할 수 없다. 서양인들은 문화라는 관점에서, 일본은 단지 온천이 풍부하며 경치가 아름다우며 복수와 정사(情死)를 정당한 도덕 기준으로 삼고 있는 민족이라고 평한다든지 또는 일본에서는 협객이 사회 윤리의 기준이라고 평하며, 일본 문화를 마치 '어린이 장난감'같이 유

● '생사의~갈림길' : 『손자』「시계편」에서 인용한 말. 본디 "전쟁은 나라의 큰일이다. 백성들의 생사가 달려 있고 나라의 존망의 갈림길이니 신중하게 살펴야 한다(兵者는 國之大事라 死生之地요 存亡之道니 不可不察也니라)"이다.

치하게 취급하고 있는데, 이는 잘못이다. 참으로 일본의 국력과 민족의 힘을 경시해서는 안 될 것이다. 동방 세계 전체에서 본다면, 일본 메이지유신의 성공은 유색 인종 각성의 기점이며 동방 민족 부흥의 기점이었다.

일본의 제사의 기원 및 변천에 관해서는 이미 언급한 바 있으므로 이제는 군사의 면에 대해 알아보자. 이것 또한 쉽게 취급할 문제가 아니다. 군국주의는 단순한 사상적 표현이 아니다. 군국주의가 단순히 사상적 표현의 하나에 불과하다면, 그것으로부터 아무런 힘이 발휘되지 못했으며 하나의 제도로 정착되지 못했을 것이다.

군국주의가 힘을 발휘하게 된 것은 제도를 만들면서부터였던 것이다. 그 제도는 군사력을 정부의 중심에 놓고 모든 정치 세력을 군사력에 종속시키며 모든 정치 조직을 군국 조직 아래 편성시키는 것이다. 이렇게 함으로써 비로소 군국주의 국가가 성립되는 것이다. 이러한 조건에 합치하지 않으면 아무리 다수의 군대를 가지고 있어도 군국주의 국가라고 말할 수 없다. 예를 들어 제국주의의 대국인 영국이나 미국을 우리는 군국주의 국가라고 부르지 않는다. 반면 작은 나라인 몬테네그로는 틀림없는 군국주의 국가이다. 이 점에서는 많은 사람의 견해가 옳지 않다.

그러면 일본의 군국주의는 어떠한 구조로 이루어져 있는가.

이에 대해 알아보기 위해서는 일본의 군권과 정권이 어디에 통합되어 있는가, 소위 통제권의 행사는 어느 기관이 장악하고 있는가, 국방 · 외교 · 재정 · 교육 · 공업 등 중요한 정치 기능이 어떻게 운용되고 있는가 등의 문제를 먼저 조사할 필요가 있다. 다음으로는 군대의 조직 및 제도, 훈련 보급 정도, 동원 시설, 사회 풍기 등을 알아야 할 필요가 있다. 이러한 두 가지에 대해 종합적으로 관찰해 보면, 일본은 이미 러일전쟁 몇 년 후부터 철저한 군국주의 국가가 되었음을 알 수 있다.

당시 일본에는 분명 의회가 개설되고 헌법이 제정되어 있었다고는 하지만, 정권의 무게 중심이 완전히 군사 기관에 있었으며 정권을 조종하는 주요 인물도 모두 군인이었다. 의회는 민중 세력과 또 다른 민중 세력, 또는 민중 세력과 군사 세력을 조정하는 기관밖에 되지 못했다.

내각의 주요 임무는 민중의 의견과 통치자의 의지라는 두 요인을 기초로 하나, 실제 활동에서는 정치 분업 및 합작의 형태로 군국주의 국가의 의도를 확실하게 실현시키는 도구가 되어 있었다. 더구나 정치 기능 전체로 보자면 내각은 그 권한이 미미하여 이름뿐이며 그저 최고 행정 회의 정도로 불릴 만한 것에 지나지 않았다. 더욱이 재정을 보면, 예산의 배분은 완전히 군사 국가로서의 이해타산에 의해 좌우되고 있으며 국민 경제의 측면은 무시되고 있었다. 실제의 예산 분배가 군사비 최우선으로, 그 밖의 정책 부서는 모두 국물이나 얻어먹는 정도에 그쳤다.

또한 군국주의 국가를 확실하게 장악하기 위해서는 황제의 칭호만으로는 부족하여 육해군 대원수의 칭호가 덧붙여졌다. 군령 기관●은 대원수(천황)의 막료라는 의미로 완전히 내각 밖에 독립적으로 존재하고, 대원수에 직속되어 정치적으로 일체의 영향을 받지 않는 조직이 되어 있었다. 정치의 중추 기능을 장악하는 추밀원●은 천황의 정치 막료인 동시에 정권의 최고 집중점인데, 실제로는 군령 기관의 정치적 대행 기구에 지나지 않았다. 외교 방침도 재정 방침도 교육 방침도 모두 국방 계획을 기본으로 해서 세워진다. 따라서 외교는 군사적 교류, 재정은 군수, 교육은 군사 훈육이 되었다.

이러한 구조의 틀은 물론 사상에서도 그대로 나타났으며, 정치

● 군령 기관 : 육군의 참모 본부, 해군의 군령부를 가리킨다.

● 추밀원 : 1888년에 창설되었다가 1947년 폐지된 천황의 최고 자문 기관으로 초대 의장은 이토 히로부미가 지냈다. 일본제국헌법 제56조에 "추밀고문은 추밀원 관제가 정하는 바에 의해 천황의 자문에 따라 중요한 국무를 심의한다"라고 되어 있다. 추밀고문은 원훈 및 달인으로 충원한다는 규정이 있었으며, 대부분은 옛 사쓰마번과 조슈번 출신이 차지했다. 본래 추밀원은 일본 헌법 제정을 위해 설치된 기관이었으므로 헌법 제정 후 정당의 발전과 의회의 발달을 제어하는 역할을 담당했다.

와 법률에서도 그 틀을 벗어나지 않았다. 일본의 정치 조직이 영국과 미국의 형식을 따르지 않고 프랑스의 형식도 취하지 않으며, 오직 독일의 제도를 따른 이유가 여기에 있다. 이렇게 보면 한 나라의 철학은 그 나라 국민의 행동을 설명하는 것이기는 하지만, 그 국민의 행동을 지도하는 것은 아니라는 사실을 알 수 있다. 최근 수십 년간 여러 나라의 사상이 일본에 전해져 각각 유행하였으나, 그중에서 일본에 살아남아 일본인의 사상으로 체계화되어 일본인의 행동에 영향을 준 것은 모두 일본의 국가 목적에 합치되는 사상뿐이었다. 그 이외의 것은 학자의 연구나 몇몇의 취미의 대상이 되었을 뿐 실제 효력은 발휘되지 못했다.

다음으로 최근 30년간의 정권의 추이와 인물의 교체에 대해 눈을 돌려 보자. 한눈에 보더라도 매우 기묘한 사실을 발견할 수 있다. 즉 사람을 이리 바꾸고 저리 바꾸고 하여 변화는 매우 많은 것 같이 보이나, 실은 모두가 조슈 군벌●의 세력권 내에서 이루어진

● 군벌 : 벌(閥)에는 도다이벌(東大閥, 도다이는 도쿄대학), 조슈벌(조슈는 조슈번) 등 출신을 같이하는 이익 집단이라는 의미가 있다. 일본에서 군벌이란 군부 내의 파벌을 말하는 경우도 있으나, 일반적으로는 군의 수뇌부가 군의 힘을 배경으로 정치 무대에 진출한 경우 그 세력을 가리킨다. 중국에서 말하는 군벌이란 청나라가 멸망한 후 일종의 전국 상태에서 지방의 실력자가 서로 군사적으로 대항한 것을 말하며 장쭤린, 쑨촨팡(孫傳芳)이 이에 해당한다.

것에 지나지 않았다는 점이다. 더욱이 정당의 변천상을 보면, 의회 개설 이후 각 정당이 정권에 일보 전진 또는 접근한다는 것은 곧 군벌에게 일보 접근 또는 일보 동화의 과정이 되어 버렸다. 이러한 대세에 거역하는 자는 압력을 받아 쓰러지든가 위험을 느끼고 스스로 몸을 빼지 않을 수 없었다. 이러한 점 때문에 영국이나 미국과 같은 두 정당의 대립은 물론, 프랑스와 같은 소당 분립의 상태도 일본에는 나타날 수 없었다.

자유당의 주류는 처음은 이토 히로부미에게 집중되었고 이토의 뒤를 이어 사이온지 긴모치(西園寺公望)°에게 옮겨졌다. 사이온지는 구교이기는 했으나 역시 군벌의 주도에 순응한 인물이었다. 자유당은 최근 분열된 후 너무도 쉽게 다나카 기이치(田中義一)° 대장의 손안에 들어가 버렸다. 또한 진보당은 괴멸됨으로써 국민당이라는 잔해를 남겼으나, 가쓰라 다로(桂太郎, 18장 참조)가

○ 사이온지 긴모치 : 1849~1940, 일본의 정치가. 파리 유학 시절 자유사상에 심취하여 자유민권운동을 했으며 러일전쟁 후 가쓰라 다로(桂太郎)와 번갈아 정권을 담당했다. 메이지 후기에서 쇼와 초기까지 입헌민정당과 함께 2대 정당을 구성한 입헌정우회의 총재를 지냈다.

○ 다나카 기이치 : 1864~1929, 일본의 군인이자 정치가. 청일전쟁과 러일전쟁에 참전했으며 육군 대신을 지냈고 입헌정우회 총재를 지냈다. 1927년 총리가 되어 치안유지법 개악, 공산당 탄압 등을 단행했으나 장쭤린 암살 사건의 책임을 지고 총리 자리에서 물러났다.

정당 조직을 시작하자 곧 대부분의 의원이 그의 휘하에 들어가 버렸다. 이러한 현상은 정당에 민중적인 기반이 없었기 때문이라고 설명할 수 있으나, 그보다는 본래 민중적 기반 자체가 취약했던 데에 그 이유가 있다. 즉 오랜 세월에 걸쳐 군국주의의 보호 아래 놓여 왔기 때문에 일본의 민중은 군국주의를 칭송할 수는 있을망정 정당 정치를 구가할 능력이 없었던 것이다.

이러한 군국주의 세력도 가쓰라 다로가 정당 조직에 착수한 시기에 이르러서는 이미 파탄 상태였다. 조슈 군벌의 원로 중 야마가타 아리토모를 제외하고 세력과 인망에서 탁월한 존재라면 가쓰라 다로였다. 그는 육군대장이자 공작이었다. 러일전쟁 이후 일본의 정권은 완전히 그의 손에 의해 조종되었다고 해도 좋을 것이다. 그러한 그가 군인으로서의 지위를 버리고 정당 활동에 나선 이유는 무엇일까. 바로 그 점에서 가쓰라 다로의 식견에 탄복하지 않을 수 없으나, 동시에 바야흐로 일본에 민중 세력이 발흥하게 되었다는 사정을 간과해서는 안 된다.

중국 혁명의 성공과 만주 왕조의 붕괴는 일본 민중에게도 군벌에게도 모두 크나큰 자극을 주었다. 가쓰라 다로라는 인물은 일본 근대의 정치가 가운데 가장 뛰어난 통찰력을 가진 인물이다. 그는 세계 대세의 추이와 동방 각국에서 일어나는 혁명의 조류를 직시하고 군국주의의 정치 조직 및 군벌 정권의 전도가 얼마 가지 않을 것임을 깨달았다. 그리하여 가쓰라 다로는 마지막 승부수를 던져 정당 정치의 기반을 다지려고 민중 정치에 몸을 던진 것이다. 또한 그는 영국 제국이 패퇴할 시기가 가까워지고 동방 민족의 독립 기운이 고조되어 감을 감지하고 대러시아 전승의 여세를 몰아 독일과 동맹을 맺어 영국을 물리칠 계획을 세웠다.

그러나 유감스럽게도 가쓰라 다로는 역시 구시대의 인물이었다. 대세의 변화는 잘 인지했으나, 그 격변이 사회의 밑바탕으로부터 일어나는 동요라는 것을 알지 못했다. 시대의 전환은 먼저 중심인물의 전환으로 시작되는 것이다. 불행하게도 그의 경우는 천시(天時)와 인화(人和)의 복을 타고나지 못하여 웅비의 뜻을 펼치지 못하고 세상을 떴다. 가쓰라 다로의 사후에는 이미 일본의 군국주의 정치를 대표할 인물은 없는 것이나 마찬가지였다. 가쓰라에 이어 데라우치 마사타케(寺內正毅)○도 세상을 떴다. 현재의 다나카는 어찌 보아도 군벌이라는 촛불이 꺼지기 전 한순간 밝아지는 것과 같다.

따라서 일본의 군국주의시대를 말할 때, 가쓰라 다로의 죽음은 하나의 큰 전환점이라고 생각한다. 그의 죽음을 경계로 한편으로

○ 데라우치 마사타케 : 1852~1919, 일본의 군인이자 정치가. 교육총감, 육군 대신 등을 지냈으며 초대 조선총독이 되어 강력한 식민 정책을 폈으며 그후 총리가 되었다.

는 사상 면에서 또 한편으로는 국제 정치에서 대변동이 일어난 것이다. 일본의 군국주의가 내리막길을 향했을 뿐만 아니라 전 세계의 국가들이 예외 없이 혁명기를 맞이한 것이다.

17. 중 · 일 국제 관계와 일본의 남진 · 북진 정책

국제 관계란 무엇인가. 또 외교란 무엇인가. 우리는 그 기본이 결국 민족적 발전에 있고 국가는 목적 달성의 수단에 그치지 않음을 명확히 하지 않으면 안 된다. 그 목적이 달성되면 수단은 바뀔 수 있다. 과거에 민족주의가 국가주의로, 국가주의가 제국주의로 변화했던 원인은 여기에 있다. 그러므로 민족주의를 주장하는 이상 민권주의와 민생주의에 맞추어 주장하는 것, 즉 민족의 평등을 기초로 하고 민권을 뼈대로 삼으면서 세계대동을 목표로 하는 것이 중요하다. 그렇지 않으면 필연적으로 재차 과거와 같은 제국주의 전철을 밟게 되는 것이다. 삼민주의가 오늘날 인류의 생존 문제를 해결할 수 있는 가장 뛰어난 원칙인 것은 여기에 그 가치가 발휘되기 때문이다.

일본의 역사를 살펴보면, 민족통일운동 과정에서 제국주의적 경향의 맹아를 발견할 수 있다. 도요토미 히데요시의 조선 침략, 메이지 초기의 정한론, 메이지 27~28년의 청일전쟁, 메이지 37~38년의 러일전쟁, 제1차 세계대전 중의 칭다오(青島) 출병 그리고 시베리아 출병에 이르기까지 이런 역사적 사건들은 모두 분명히 같은 방향으로의 길을 밟고 있었다. 즉 민족주의에서 국가주의로, 이어서 국가주의에서 제국주의로 향하는 길인 것이다.

그뿐만 아니라 민족주의의 발생 당초부터 이미 제국주의적 맹아가 보이고 있었음을 명백하게 알 수 있다. 야마가 쇼코의 저작 『신황정통론(神皇正統論)』• 과 『중조사실』, 도쿠카와 미쓰쿠니(德川光圀)가 편찬한 『대일본사』 및 라이 산요의 저작 『일본정기』 등을 읽어 본 사람이면 일본 민족주의의 목적이 단지 민족 통일에 있지 않고, 주위 사방의 민족을 정복하여 대제국을 건설함에 있었다는 사실을 알 수 있을 것이다. 그들의 마음속에 있는 신은 바로 세계 전체를 의식한 신이며, '신황(神皇)'에 대한 사상은 세계를 통치하겠다는 의식이다. 로마의 카이사르, 러시아의 차르, 페르시아의 샤한샤(왕 중 왕), 몽고의 칸, 터키의 칼리프의 개념과 전혀 다름이 없다. 확실히 '끊어진 세대를 이어 주고 폐한 나라를 일으켜 주며… 보내는 것을 두텁게 하고 오는 것을 가볍

• 야마가~『신황정통론』: 다이지타오의 원문에는 이렇게 쓰여 있으나 기타바타케 지카후사(北畠親房 : 일본 남북조시대의 무장)의 『신황정통기(神皇正統記)』가 잘못 쓰인 듯하다.

게 함'• 같은 세계 정치 도덕의 관념은 중국이라는 최고(最古)의 세계국의 특색이며, '강하지만 작은 민족제국주의'에서는 생각조차 미치지 않는 것이다.

그러나 우리는 민족 생존의 대상이 어디까지나 세계임을 시종 명심해 둘 필요가 있다. 민족주의의 발생 시기는 동시에 세계라는 개념이 확립되는 시기이기도 한 것이다. 그렇다면 중산 선생이 나타날 때까지 삼민주의와 같은 숭고하고 위대한 사상이 출현하지 않은 이유는 무엇일까. 그 이유는 첫째 중국같이 유구하고 위대한 역사를 갖고 있는 민족이 세계 어디에도 없었다는 것이며, 둘째 전 세계 국가 간의 관계가 오늘날처럼 밀접하지 못했고 민중의 생활과 조직이 오늘날만큼 발달하지 못했었다는 것이다.

예를 들면 미국의 독립 시기에 삼민주의와 가까운 개념이 있었지만, 아직 제도적인 주장이 되지 못했다. 또한 서구의 여러 나라에는 반제국주의적 운동이 있어 삼민주의에 가까운 경향이 실제로 나타났으나, 삼민주의만큼 명확한 의식을 가지고 있지는 못했

● '끊어진~함' : 『중용』의 한 구절. 본디 "끊어진 세대를 이어 주고 폐한 나라를 일으켜 주며, 난을 평정하고 위기를 붙잡아 주고 조빙을 제때 하며, 보내는 것을 두텁게 하고 오는 것을 가볍게 함은 제후를 따르게 하는 것이다(繼絶世 擧廢國 治亂持危 朝聘以時 厚往而薄來 所以懷諸侯也)"이다. 이는 왕이 제후를 대하는 방법에 대한 것이다.

다. 우리는 세계 각국의 역사를 연구하고 국제적 교섭과 민족적 흥망을 관찰할수록 총리의 삼민주의가 늦게 생겼다고는 하지만, 확고부동하게 훌륭한 정치 이론이라는 확신을 가지게 된다. 그뿐만 아니라 중국의 국가 도덕을 부흥시키는 이 사상이야말로 세계의 정치 개혁을 위한 출발점임을 통감한다.

지금 세계의 모든 민족의 생활은 상호 교류하고 생산물을 서로 교환하는 단계에 와 있으며, 따라서 모든 관계가 상호적이다. 이를테면 갑국의 문화가 을국에 수입되어 을국의 문화 성립에 기여한다. 이렇게 하여 을국에 신문화가 성립되면, 이번에는 이것이 갑국에 수입되어 갑국 개혁의 자료가 된다. 이렇게 서로 영향을 주고 서로 감화하며, 상호 압박하는 관계 속에서 대동의 기초가 형성되는 것이다. 그러므로 거동궤(車同軌)의 시대는 반드시 서동문(書同文)의 시대를 낳고, 서동문 시대는 반드시 행동륜(行同倫)° 의 시대를 만들어 낸다.

그러나 국가가 존재하는 한 이 인류 문화의 대동운동은 언제나 무력을 원동력으로 추진된다. 말할 필요도 없이 세계 문화의 교류에는 다수의 비참한 전투의 역사가 숨겨져 있다. 이 맹목적 전투

○ 거동궤의~행동륜 : 『중용』의 "今天下 車同軌 書同文 行同倫(이제 천하의 수레는 궤도가 같고 글은 문자가 같으며 행동은 윤리가 같다)"에서 인용.

에서 만약 문명 민족이 승리한다면 문화의 추이는 자연히 신속하게 흐른다. 하지만 실제 역사는 반드시 그러하지는 않았다. 산적이나 해적이 문명 민족의 생활 본거지를 침탈하고, 문명 민족의 업적을 파괴하고, 문화의 진전을 수백 년 또는 수천 년이나 과거로 되돌린 예는 역사상 결코 적지 않다. 따라서 문명 민족이 '분투'를 잊고 "무력이 문화 추진의 원동력이다"라는 사실을 잊는다면, 그것은 '문명의 추락'을 의미한다.

'자연'이 요구하는 바는 인류의 노력이며 인류의 생존이다. 자연은 공평무사하여 야만에도 문명에도 치우치지 않는다. 자연은 타락을 벌한다. 문명의 낭비자, 즉 나태하고 생존을 위해 노력하지 않는 사람에게 징벌을 가하는 것이다. 생존을 위해 분투하는 사람에게 자연은 생존을 허락한다. 문명을 위해 싸우는 자에게는 문화의 혜택을 준다. 그 밖의 인간에게는 아무것도 주지 않고 어떤 것도 들어주지 않는다.

생각해 보면 중국과 일본이라는 두 민족은 면적에서나 인구에서나 그 차이가 열 배 이상이 나며, 더욱이 문화의 차이는 무려 수천 년의 차이가 있다. 중국 문명의 황금시대에 일본 열도는 아직 원시 야만이었고 그들의 소위 천손민족(天孫民族)•은 어디에

● 천손민족 : 아마테라스오미카미(天照大神)의 자손이라는 의미.

살고 있었는지조차 알려져 있지 않았다. 그러나 중국 문화가 일본에 전래되고부터 불과 1천수백 년밖에 지나지 않았는데, 일본 민족은 통일을 완성했다. 일본 열도를 하나의 세계라고 할 때 일본만의 대동 문화가 완성된 것이다. 반면 이웃의 중국 민족은 나날이 쇠퇴했던 것이다.

당초 일본에 문화를 전파한 조선 역시 쇠퇴하여 갔다. 조선이 쇠퇴하지 않았다면, 누가 감히 그 실력을 의심하여 통치권을 빼앗으려 했겠는가. 만약 중국 민족이 쇠하지 않았다면, 일본이 감히 중국 침략의 야심을 일으키지 못했을 것이다. 몽골에 의한 송의 멸망이야말로 도요토미 히데요시를 자극한 최대의 원인이었다. 만주족에 의한 명의 멸망, 영국과 프랑스의 중국 침략, 이러한 여러 차례에 걸친 성하지맹(城下之盟)은 사이고 다카모리 등에게 야심을 부추긴 최대 원인이었다. 그후 일본은 시간이 흐를수록 내정이 정비되고 진취적 능력을 갖추었다. 이리하여 제국주의의 웅대한 구도가 유연히 일어났으며, 역사적인 전통 정책이 착실히 추진되기 시작하였다.

러시아는 일본의 유신 이전부터 북방으로부터 일본을 압박해 왔다. 당시 이미 일본의 지사 중에는 북방 수비를 주장하는 자들이 나타났다. 홋카이도 개발 정책은 여기서 일어난 것이다. 이 북방 수비 정책이 바로 북진 정책의 기초가 되었다. 북진 정책은 진구황후(神功皇后),[○] 도요토미 히데요시 이래의 전통적 정책을 답습한 것은 물론이다. 그들의 목적은 조선을 정복하고 만주를 침략함에 있었다. 메이지 1~2년경 광신적인 무사들 중에는 러일동맹을 체결하고 중국을 분할해야 한다고 주장하는 자도 있었다.

그후 중국의 국력은 점차 쇠퇴하였고, 만주족 왕조인 청나라의 통치 능력이 고갈되었음을 이미 일본은 꿰뚫어 보고 있었다. 또 청프전쟁에서는 중국이 연전연승했는데도 불구하고 청나라 정부는 여전히 토지 할양, 배상금 등에만 몰두하고 있었다. 그러므로 당연히 일본의 멸시를 받지 않을 수 없었다. 또한 당시 러시아 세력의 남하로 그 압박은 점점 현실로 다가오고 있었다. 일본이 북진에 노력하지 않았다면 순망치한(脣亡齒寒)의 위기를 맞이했을 것이다. 즉 만주를 점령한 러시아는 이어 조선에 창 끝을 들이댈 것이나 부패한 조선 왕실과 양반들로서는 러시아를 물리칠 길이 없다. 따라서 일본의 북진은 막다른 처지에서의 행동이라고 말하지 않을 수 없다. 청일전쟁과 러일전쟁에서 그들은 민족의 흥패와 국가의 존망을 걸고 싸웠다. 중국과 러시아는 누가 뭐라 해도 세계의 대국이다. 소국이 대국을, 그것도 열 배나 큰 대국을 대적

○ 진구황후 : 주아이천황(仲哀天皇)의 황후로, 주아이천황이 죽은 후 한반도에 원정했다고 『고사기』에 쓰여 있다.

했다. 얼핏 보기에 일본은 계산이 서툰 바보라고 생각할지도 모른다. 그러나 그들은 전진만이 살길이며 후퇴는 끝장이라고 생각하고 있었다.

일본의 개국진취의 방침은 북진 정책뿐만 아니라 남진 정책도 하나의 중요한 경향이었다. 막부 말기에 두 외국 세력이 일본을 압박했는데, 하나는 북방의 러시아이고 다른 하나는 남방의 영국과 미국이었다. 대륙으로부터 압박해 오는 러시아는 일본의 북진 정책을, 해상으로부터 압박해 오는 영국과 미국은 남진 정책을 유발시켰다. 이 북진 정책, 남진 정책이라는 명칭은 실은 적당한 표현이 아니다. 오히려 '대륙 진취 정책', '해양 진취 정책'이라고 하는 편이 의미를 확실히 전달한다고 말할 수 있다. 육군은 대륙 진취책을, 해군은 해양 진취책을 주장한 대표적 세력이었다. 청일 전쟁 후 북진 정책은 3국의 간섭에 의해 저지(요동 반도 포기)되었으나, 해상 진출책은 남방에 대만을 얻어 그 기초를 형성했다.

상업의 발달과 함께 일본은 이민 정책을 추진하여 해외로 활로를 찾으려 했으나, 그 활로는 쉽게 열리지 않았다. 미국과 오스트레일리아 두 나라에 만연한 '황색인종 배척운동'은 중국인의 활로를 저지했을 뿐만 아니라 일본인의 활로마저 저지했다. 최근 들어 일본은 가까스로 미국에서 얼마간의 성과를 이룩했으나, 이는 중국인을 몰아내고 얻은 것이지 동방 민족을 위한 새로운 기초를 만든 것은 아니었다. 태평양 지역에서의 유럽인과 아시아인 간의 인종 경쟁에는 모두 중국과 일본 두 민족 간의 경쟁이 내재되어 있다. 우리는 해외 화교를 배척하는 일본인의 언론 보도를 읽을 때마다 분노를 느낀다. 그리고 일본도 동방 민족의 일원이 아닌가, 그러한 일본이 왜 그다지도 도량이 좁아져야 하는가 하며 동방 민족을 위해 장탄식을 금치 못하는 바이다.

18. 가쓰라 다로

우리는 이론과 역사라는 두 입장을 존중한다. 따라서 우리는 무언가를 비평할 때 사실에 근거하고 또 이론에 근거해야 한다. 거기에 은원(恩怨)이나 사사로운 정, 망설임이 개입되어서는 안 되는 것이다. 나에게는 일본인 선배나 친구 등이 많이 있으며, 이제까지의 사회생활은 중국보다 일본에서 보낸 기간이 길 정도이지만 적어도 국사를 논하는 일에서는 그러한 사항을 모두 제외키로 한다. 어디까지나 사실을 밝히고 주의를 확실히 드러내는 것이 나의 방침이기 때문이다.

다나카 기이치 대장은 나의 친한 친구 중 한 사람이며, 그의 막료나 부하 중에도 나와 친한 친구들이 많이 있다. 나는 이제 그들을 비판하려고 하는데, 그에 앞서 한마디 언급해 두고 싶다. 그것은 그들이 혹시 이 글을 읽게 된다면 가슴에 손을 얹고 잘 생각해 보기를 바라는 마음이다. 나는 서술과 비판에서 일체의 거리낌

없이 솔직하게 기술할 생각이다.

민국 2(1913)년 봄, 총리 중산 선생이 일본을 방문하시게 되었다. 그때 나는 총리의 비서로서 수행하여 60일간에 걸친 체재 기간 중 모든 연설, 연회, 교섭에 중산 선생과 배석하였다. 나는 당시의 상황을 빠짐없이 기억하고 있는데, 이는 당시 내가 통역을 했으므로 언제나 두 번 듣고 두 번 이야기할 기회가 있었기 때문이다. 그후 총리는 일본과의 교섭을 내가 직접 맡아서 처리하도록 지시하셨는데, 그때는 듣는 것도 이야기하는 것도 한 번씩이어서 기억이 그만큼 확실하지 않다.

당시 도쿄에 40일간 체재했으며, 특히 기억에 남는 일은 중산 선생과 가쓰라 공작의 회담이다. 가쓰라 다로라고 하면 널리 알려져 있는 바와 같이 일본의 군인 정치가 중에서도 가장 유능한 인물이며, 가장 오랫동안 정권을 장악했던 인물이다. 일본에 내각제도가 탄생한 이래 그보다 오랫동안 총리를 지낸 사람은 없다. 이토 히로부미와 비교해 보더라도 이토는 조각(組閣)이 세 번이고 재임 기간이 총 6년 10개월이었던 반면, 가쓰라 다로는 조각은 세 번으로 같으나 재임 기간은 전부 합쳐 7년 10개월에 달하고 있다.

제1차 가쓰라 내각은 메이지 34년 6월(1910년 6월)부터 38년 12월(1905년 12월)까지 이어졌다. 이 기간 중 그는 영일동맹과 러일전쟁이라는 두 개의 큰 문제를 처리했다. 외교사를 돌아보면 아는 바와 같이, 영국은 지난 100년 이래 '명예로운 고립'을 표방하며 다른 어떤 나라와도 동맹 관계를 맺은 적이 없다. 그러한 영국이 100년 이래의 전통적 정책인 명예로운 고립을 버리고 일본과 동맹을 체결한 것은 물론 이것이 민족의 흥망과 국가의 존망에 관한 중대사라고 여겼기 때문일 것이다. 일본 측에서 보자면, 불평등 조약의 속박으로부터 해방되어 아직 10년도 되지 않은 동방의 한 신흥국이 세계 제일의 강대한 제국과 공수(攻守)동맹을 맺었고, 게다가 세계 제일의 대륙 국가 러시아를 이기는 찬란한 역사를 쌓아 올릴 수 있었던 것이다. 이는 참으로 일본 민족 분투의 최대 성과라고 할 수 있다.

그뿐만 아니라 이 대사건으로 전 세계가 깜짝 놀란 것이다. 일본의 승전 결과, 동방 민족은 서방 민족에게 이길 수 없다는 그간의 최면술에서 벗어나게 되었고 이로써 전 동방 민족의 움직임이 활발해졌다. 이를 기점으로 전 세계적으로 민족 혁명의 새로운 조류가 일어나게 된 것이다.

또한 영프협상과 3국협상도 러시아의 패전 결과에서 비롯된 것이며, 5년에 걸쳐 2천만 명의 희생자를 낸 세계대전 그리고 러시아 · 독일 · 오스트리아 · 터키의 4대 제국의 붕괴도 모두 여기에 기점을 두고 있다. 이상에서 보는 바와 같이 그에 대한 역사적 평가는 차치하고라도 첫 무대에 등장하여 4년 7개월 동안 가쓰라 다로가 이룬 성과는 세계사상 전례가 없는 위업이었다.

가쓰라 다로의 업적으로서 세간에 알려진 사실은 대체로 이와 같다. 그러나 이 밖에 일반적으로는 알려지지 않은 사안으로 그는 러일전쟁 후의 계획으로 놀랄 만한 복안을 가지고 있었다. 그의 높은 식견, 예리한 통찰력, 임기응변의 재능은 확실히 최근의 일본 정치가들에게서는 기대할 수 없는 탁월한 것이었다. 중국에서 배만 혁명(排滿革命)이 성공하자, 그는 일부러 중산 선생에게 사람을 보내어 축하와 친분의 뜻을 전한 바가 있다. 중산 선생이 일본을 방문했을 때, 마침 제3차 내각의 총리였던 그는 중산 선생과 비밀리에 두 번에 걸친 밀담을 나누었다. 이 두 번의 밀담에서 쌍방은 흉금을 털어놓고 의견을 교환했다. 이로 인해 그후 그와 중산 선생은 서로 깊은 경애의 마음을 가지게 되었고 서로 큰 기대를 걸게 되었다.

가쓰라 다로의 부고를 접하고 중산 선생은 한숨을 내쉬며 "일본에는 이제 더 이상 함께 천하를 논할 정치가가 없다. 이제는 일본에 동방 정국의 전환을 기대할 수 없게 되었다"라고 말하였다. 한편 가쓰라 다로는 임종하는 병상에서 옆에 있던 친구에게 "쑨원의 위안스카이(袁世凱) 타도를 원조하여 동방 민족 독립의 큰 계획을 달성할 수 없게 되어 참으로 통한스럽다"라고 말했다고 한다. 우리는 두 사람의 말에 담겨진 의미에서 가쓰라 다로의 흉중을 읽을 수 있으며, 그 기백을 느낄 수가 있다. 한 사람은 일본 제국 군벌의 지도자였고 다른 한 사람은 중화민국을 건설한 혁명의 지도자였으며, 또한 한편은 군국주의의 중추였고 다른 한편은 삼민주의의 지도자였다.

그런데 이렇게 상극인 두 사람이 어떻게 이와 같이 서로를 깊이 이해할 수 있었을까. 그 이유는 그들 간의 상호 이해와 상호 신뢰가 학술사상이라든가 국가사상의 공유에서 나온 것이 아니라, '동방 민족의 부흥을 목표로 하는 세계 정책'에서 연유된 것이었기 때문이다. 가쓰라 다로와 중산 선생과의 밀담은 총 15~16시간 동안이나 지속되었는데, 그때의 가쓰라 다로의 발언 요지는 대략 다음과 같다.

"청나라 시대는 동방의 위기가 극에 달했던 시기였으며, 동시에 실망이 극에 달했던 시기였다. 그 부패한 조정과 정부에는 존립과 발전의 가능성이 전혀 보이지 않았다. 더구나 서방으로부터의 압박은 강해질 뿐이었는데, 특히 군국주의 대륙국 러시아는 강대 무적의 무력으로 북방에서부터, 그리고 해상의 패왕 영국은 강대 무적의 경제력으로 남방에서부터 각각 압박을 가해 오고 있었다. 당시의 일본은 자력으로 생존을 도모하는 것 외 다른 도리가 없었다. 자력 생존을 위해 일본으로서는 영국과 러시아에 동시에 대항할 수는 없었다. 다행히 아시아에서 영국과 러시아는 이해가 날카롭게 대립하고 있었기 때문에, 우리는 대립을 이용하여 영국과 동맹을 체결함으로써 요행히 러시아를 이길 수 있었다.

러시아라는 적은 동방에서 최대의 적은 아니지만, 가장 다급한 적이었다. 이제 러시아를 패퇴시킴으로써 당면한 위기는 넘겼으나, 이렇게 되면 동방이 영국에게 독점될 우려가 생긴다. 일본의 해군력은 영국에 대적할 수 없으며, 일본의 경제력은 영국에 미치지 못한다. 나는 러일전쟁까지는 영일동맹의 역할을 다하려고 열심히 노력하였다. 그러나 러일전쟁의 결과가 나온 지금에는 영일동맹의 역할은 이미 끝났다. 이후 일본에게 연영책(聯英策)은 필요치 않으며, 영국에게도 연일책(聯日策)은 필요치 않을 것이다.

지금 태평양에서 영 · 일 양국은 완전히 적대 관계에 있다. 앞으로 일본의 활로 및 동방 민족의 활로는 단 하나, 즉 영국과 러시아의 결합을 분단시키고 독일과의 연계를 강화하는 일, 이것뿐이다. 영일동맹에 대신하여 일독동맹을 성사시키고 대러시아 작전에 대신하여 대영국 작전을 전개하여 반드시 영국의 패권을 무너뜨리지 않으면 안 된다. 이렇게 해야만 동방은 평화로워지며, 일본의 존속도 가능해지는 것이다. 일본의 안위뿐만이 아니라 다르다넬스 해협•에서 태평양까지의 전체 동방 민족의 운명이 이

● 다르다넬스 해협 : 에게해와 마르마라해를 잇는, 터키 북서쪽의 해협.

계획의 성패에 달려 있다. 오늘날 세계의 큰 문젯거리라면 터키 · 인도 · 중국, 세 나라의 문제이다. 이 세 나라는 모두 영국의 무력과 경제력의 압도 하에 있다. 그러나 무력의 압박이 제거된다면 경제력의 압박은 별로 큰 문제가 되지 않는다. 세 나라는 모두 풍요로운 생산국이 될 수 있는 조건을 갖추고 있기 때문이다. 하지만 이들 세 나라에게 일본과의 협력 관계를 기대하기는 어렵다. 특히 중국은 일본과의 협력 관계가 기대되지만 실제로는 그렇지 못하다. 중국은 지난 수십 년 이래 내정이 극도로 어지러워 이권을 열강에게 빼앗기고 있으며, 일본에 대해서는 원교근공의 정책을 취했다. 만약 청일전쟁 때 중국이 좀더 강성했더라면 러일전쟁은 일어나지 않았을 것이다. 또한 중국이 강했다면 중 · 러 · 일 3국 간의 전쟁이 되든가 중 · 러의 전쟁이 되었을 것이며, 그렇게 되었다면 일본만 희생당하는 일도 없었을 것이라고 단언한다. 지난 두 번의 전쟁에서 일본은 인민의 생사와 국가의 존망을 걸고 싸웠는데 이를 어찌 침략 전쟁이라고 하겠는가. 중국이 나약하여 유럽 열강의 침략을 감수한다고는 하나 일본까지 존망의 위기에 처해졌던 것은 참으로 유감스런 일이다.

이러한 생각에서 나는 지난해 모스크바를 방문했다. 러시아 방문에 대해 세간에서는 러일동맹을 체결하지나 않을까 하고 억측이 나돌기도 하였으나, 러시아와의 우호 관계를 유지하는 것은 좋은 일이지만 동맹이 체결될 리도 없으며, 또한 체결된다 해도 양국에 어떤 도움도 되지 않는다. 실로 내가 계획한 것은 일독동맹이었다. 이 일은 다른 사람에게 맡길 수 없는 일이었다. 그러나 내가 독일에 가면 이목을 끌 염려가 있었기 때문에 독일 정부와 협의하여 모스크바에서 만나 협상하기로 했다. 그러나 선제(先帝)의 병이 악화되어 모스크바에 도착하자마자 귀국을 종용하는 전보가 빗발쳤다. 결과적으로 이 계획은 지금까지 보류된 상태이다. 참으로 통탄할 일이다. 하지만 나는 내가 정권을 쥐고 있는 동안 언젠가는 그 계획을 수행할 생각이다. 이는 나의 최대의 비밀이며, 또한 일본으로서도 최대의 비밀이다. 만일 이 계획이 조금이라도 누설되면 일본은 대단히 불리한 입장에 처하게 된다. 일독동맹이 실현되기 전에 영국이 전력을 쏟아 일본에 대항한다면, 일본은 도저히 저항할 수 없기 때문이다.

이제 중국의 대일본 정책에 대한 선생의 생각을 듣고 충고를 받았으니 매우 만족스럽다. 이제까지 국내에서는 나의 정책을 이해해 주는 동지를 찾을 수 없었다. 오늘 선생으로부터 동조의 말씀을 듣고 보니 하늘에라도 오른 기분이다. 중국에 쑨 선생이 있는 한 아무런 염려가 없다. 앞으로 우리 두 사람은 상호 신뢰를 바탕으로 우리의 공동의 목적을 달성해 나갈 뿐이다. 즉 중국 · 일본 · 터키 · 독일 · 오스트리아가 동맹을 결성하여 인도 문제를 해결하고자 한다. 인도 문제만 해결된다면 전 세계의 유색 인종은 되살아나게 된다. 이 사업이 성공하면, 일본은 이민할 땅이나 무역국에 대한 걱정이 없어지므로 중국 침략 등의 졸책은 절대 취하지 않을 것이다. 이로써 대륙과의 절대적 보장을 획득하고 미국 · 오스트레일리아 쪽으로의 발전에 전력을 투구하는 일이야말로 일본 민족의 발전을 위한 정도인 것이다. 대륙의 발전은 중국이 책임을 맡아야 한다. 중국과 일본 양국이 제휴한다면 동양의 평화를 유지할 수 있으며, 중국 · 일본 · 터키 · 독일 · 오스트리아의 5개국이 제휴한다면 전 세계의 평화가 유지될 수 있다. 이런 계획의 성패 여부는 오로지 우리 두 사람의 노력 여하에 달려 있다.

오늘날 중국은 역경에 처해 있으며, 국력이 부족하여 선생의 웅비도 곤란한 상태이다. 앞에서 위안스카이에 대한 원조 운운했는데, 나의 견해는 위안스카이는 결국 중화민국을 위하는 충실한 정치가가 아니어서 마침내 중화민국의 적 또는 선생의 적이 될 존재이다. 그러나 지금 당장 그와 싸우는 일을 도모한다면 백해무익할 것이다. 선생의 생각대로 잠시 동안은 중국의 간선 철도망의 정비에 전력을 기울이는 일이 중요하다. 간선 철도망의 완성을 위해 나도 온힘을 다해 선생을 돕겠다. 현재의 세계 정세 속에서 영국에 대적하여 쓰러뜨릴 수 있는 사람은 나와 선생과 독일 황제, 이 세 사람을 빼고는 없다."

이 이야기는 정치 윤리의 입장에서 중산 선생도 나도 모두 시종일관 비밀을 지켜 왔던 내용이다. 가쓰라 다로가 타계하고 유럽에서는 전쟁이 발발했으며 일본이 독일에게 선전포고를 함에 이르러서야 비로소 선생은 이 사실을 극히 친한 몇몇 동지에게 말씀하셨다. 지금 가쓰라 다로의 말을 세계대전 전후의 정세에 비추어 보니, 만약 가쓰라 다로가 살아 있다면 동방의 국면은 현재와는 다른 양상을 띠고 있을 것임에 틀림없다. 현재의 일본은 정부의 대신이든 정당의 영수든 모든 정치 담당자는 무기력, 무의지, 무계획의 평범한 하루살이 정객들뿐이다. 정권의 획득과 유지에만 급급해 일본 민족의 장래도 세계의 장래도 그들의 염두에는 없다. 이같이 정치에서 인재가 부족한 일본은 그 전도가 위험하다.

그렇다면 우리 중국은 어떤가. 중국 또한 정치에 몸담은 사람이 제대로 책도 읽지 않으며, 혹 읽더라도 읽은 글귀를 당장 슬로건으로 토로해 버리는 무리들뿐이다. 정치란 민족의 생사존망이 걸린 대사업이다. 과연 어떻게 하려고 하는가. 참으로 한심할 따름이다.

19. 아키야마 사네유키

가쓰라 다로가 중산 선생의 정책상의 동지였다면 아키야마 사네유키(秋山眞之)[○]는 중산 선생의 절친한 친구였다. 아키야마는 생전에 육군 중장이었는데 사후에 대장으로 추증되었다. 가쓰라 다로가 일본의 군인 정치가 중의 위인이라면, 아키야마 사네유키는 일본의 군인 학자 중의 기인이라고 칭할 수 있을 것이다. 여기서 그의 업적에 대해 알아보기로 하자.

아키야마는 일본 해군계에서 유일한 기걸(奇傑)이자 유일한 학자였다. 그는 체격이 보통 우리가 생각하는 일본인같이 매우 작으며 용모도 극히 평범하다. 사이온지 긴모치나 가쓰라 다로 같은 인물은 많은 사람 속에 섞여 있어도 보통 사람 이상임을 곧 알

○ 아키야마 사네유키 : 1868~1918, 일본의 군인. 미국 유학과 영국 주재를 거쳐 상비 함대 참모가 되었다. 러일전쟁에 연합 함대 사령장관의 참모로 참전했으며, 해군 최고의 전략가로 꼽힌다.

아차릴 수 있다. 그들은 용모나 체격에 큰 특징이 있기 때문이다. 그러나 아키야마는 외견상으로는 전혀 특이함을 발견할 수 없으며, 잘 보아야 보통 사람 중에서 수양을 많이 쌓은 사람이라고 할 정도이다. 그러나 실제로 그는 놀랄 만한 기걸이었다. 학문에 대해 말하면 그는 해군에서 유일하게 학식을 갖춘 자이며, 그의 해군 전술은 해군 내에서 대적할 자가 없었다. 그는 지극히 총명한 두뇌의 소유자이며, 풍부한 지식과 다양한 학문적 소양을 지닌 인물이었을 것이다.

그러나 그 자신은 학자를 지향한 것이 아니므로 과학적 방법으로 학식을 정리하려고 하지는 않았다. 따라서 그의 학문과 지식은 모두 그의 심령의 직감 · 직각 작용으로 나타났다. 무릇 사람들이 도저히 그를 따라가지 못한다고 하는 점은 이 직감 · 직각을 가리키는 것이며, 사람들이 그를 천리안이나 독심술의 소유자라고 칭하는 것은 매우 풍부한 학식이 잠재적으로 작용하기 때문일 것이다. 청일전쟁 당시 그는 해군 참모로서 황해 해전의 전승에 크나큰 공적을 남겼다. 또 러일전쟁 중 일본 해전에서 그는 함대 참모장으로서 모든 작전을 지휘했고, 발틱 함대를 대파해 파편 한 조각도 남기지 않았다. 당시의 작전에 대해 그는 나에게 이렇게 말했다.

"러시아의 발틱 함대가 동쪽으로 항진하고 있을 때, 나는 매일 정좌하고 묵상했다. 그러자 일종의 심령 작용이 발동하여 발틱 함대의 움직임을 소상히 알 수 있었다. 당시 사람들은 누구나 발틱 함대의 위력을 두려워하고 있었는데, 특히 민간에서는 공포가 극에 달해 있었다. 그러나 나는 확고한 신념을 가지고 반드시 그들을 박멸할 수 있을 것이라고 믿었다. 그후의 작전은 모두 이 확고한 신념에서 나온 것이지 과학적 방법에 의한 것은 아니었다. 과학적 방법에 의했다면, 일본 함대는 결코 발틱 함대에 대적하지 못했을 것이다."

그 당시 그는 나에게 종종 일본 해전의 고사를 말해 주었는데 그의 이야기는 종교적이라고 할까, 철학적이라고 할까, 항시 현묘하고 불가사의한 이야기뿐이었다. 그의 성격은 보통 일본 군인과 달리 매우 소박하고 온후한 군자와 같았고, 그에게서는 보통 군인이 가진 교만한 습성을 결코 찾아볼 수 없었다. 나는 그의 이야기가 거짓말이 아니라고 생각한다. 다만 그의 인식과 설명이 정확한 것인지 여부는 별개의 문제이다.

그의 노력은 여느 사람이 따르지 못할 정도였다. 그의 하루 수면 시간은 매우 적었으며, 늘 '손에서 책을 놓지 않을' 정도였다. 독서가 아니면 측도(測圖)하고 그 밖에는 조용히 생각에 잠기는 것이 보통이었다. 그는 매우 열렬한 신도 신자였다. 신앙이야말로 모든 도덕의 극치이며 모든 수양 중에서 가장 큰 힘을 갖는다고 그는 확신했다. 그의 종교사상은 물론 순 일본식 민족신권론이며, 소코파 철학사상의 흐름을 잇고 있었다. 다만 그는 이론적 신자가 아니라 정신적 신자였다. 의식(儀式) 면에서는 일본의 일반 신도 신자처럼 완전히 불교의 영향 하에 있었다.

이러한 그가 어떻게 쑨 총리와 그토록 깊은 친교를 맺을 수 있었는가. 그 이유는 정치적 주장이 같은 데 있었다. 그는 열렬한 남진론자이며 영미배격론자였으며, 그의 남진론과 영미배격론은 참으로 유색 인종의 부흥에 입각한 주장이었다. 더욱이 그는 대동양주의도 대아시아주의도 주장하지 않았으며, 또한 대일본주의도 주장하지 않았다. 그가 주장한 것은 인류의 평등이었다. "인류는 모두 신의 자손이고, 문화는 인류 공유의 도구이다. 세계는 특정 민족의 전횡을 용납하지 않고, 문화는 특정 민족의 농단을 허락하지 않는다" 라는 것이 그의 생각이었다.

정책적으로 보면, 그의 입장은 가쓰라 다로와 대동소이하다. "일본은 육군국이 되어서는 안 된다. 그래서 더욱 '대육군국'이라는 칭호는 말도 되지 않는다. 일본인의 운명은 미국 대륙과 오스트레일리아 대륙에 달려 있다", 이것이 그의 생각이었다. 이 목적을 달성하기 위해서는 터키와 인도와 중국, 이 3대 민족이 독립을 이루어 영국과 미국의 패권을 타도하고 해상의 자유를 실현해야 한다. 이렇게 해야만 비로소 모든 대륙으로의 이주의 자유가 실현되는 것이다. 이러한 관점에서 인도 혁명의 성공을 열망해 마지않았다. 인도의 혁명 성취야말로 동방 민족 부흥의 열쇠이며, 인도의 혁명이 성공하지 못하면 그 밖의 모든 노력은 결실을 맺을 수 없다고 그는 생각하고 있었다.

그의 이러한 생각이 쑨 총리와의 친교를 지속하게 했던 것이다. 그는 총리의 혁명 사업에 대하여 물질적 · 정신적으로 많은 원조를 하였다. 더욱이 그의 원조는 매우 순수하여 조금도 책략을 내포하지 않았을 뿐만 아니라 조금도 허영됨이 없었다. 오늘날 그와 총리와의 친분이 이와 같이 깊었던 사실을 아는 일본인은 그리 많지 않다. 이를 보더라도 그가 일을 행할 때 사람들에게 자신의 이름이 알려지는 것을 목적으로 한 것이 아니었음을 알 수 있다.

장쉰(張勳)● 에 의한 복벽(復辟)● 의 해(1917)에 다나카 기이치는

● 장쉰 : 1854~1923, 청나라 말 군인. 위안스카이의 신임을 얻어 여러 성의 제독을 지냈으며 혁명군에 패했다. 그는 신해 혁명 후(1911)에도 자신의 군사들에게 변발하도록 할 정도로 신해 혁명을 인정하지 않았다.

● 복벽 : 천자가 다시 재위에 오르는 것을 말하는데, 여기서 말하는 복벽이란 일부 군벌과 황족 · 유신이 신해 혁명으로 폐위된 청나라의 마지막 황제 푸이(溥儀)를 복위시키려고 한 것을 가리킨다. 이 복벽운동의 중심인물이 바로 장쉰이다. 1917년 그는 군사를 이끌고 베이징에 들어가 국회를 해산한 다음 푸이를 옹립했으나, 일본 내각을 등에 업은 돤치루이(段棋瑞) 등의 반대에 부딪쳐 12일 만에 실패로 끝났다.

아직 참모차장이었으나, 그의 권세는 대단히 강대했다. 사쓰마번 출신의 참모총장 우에하라 유사쿠(上原有作, 1915~1923년) 대장의 지위는 힘없는 명목상의 지위였고, 모든 대권은 다나카가 장악하고 있었다. 다나카의 모든 신경은 중국 대륙에 집중되어 있었다. 그해 4월에서 5월에 걸쳐 그는 중국으로 건너가 쉬저우(徐州)에서 장쉰과 회견하고 양쯔강(陽子江) 연안을 유람하였다. 상하이에서는 총리와 회견을 가졌다. 그가 일본에 돌아온 무렵 복벽의 풍문이 중국 전토로 퍼졌고, 신문지상에서는 다나카의 쉬저우행이 장쉰의 복벽과 관계가 있다고 전했다. 이 풍설은 점차 사실처럼 되었고 6월 초순에는 참으로 '산에 비가 오려하니 누각에 바람이 가득'•한 형세를 이루고 있었다. 이에 총리는 복벽운동의 상황을 조사하기 위해 나를 일본에 파견하였다. 나는 총리의 서신 여러 통을 휴대하고 출발했는데, 이 편지를 받을 사람들 중 가장 중요하여 반드시 직접 방문할 필요가 있던 인물이 바로 육군의 다나카 중장과 해군의 아키야마 중장이었다.

6월 16일 상하이를 출발하여 도쿄에 도착한 게 아마 21일이었

• '산에~가득' : 당나라 시인 허혼의 시 「함양성동루시(咸陽城東樓詩)」의 "산에 비가 오려 하니 누각에 바람이 가득하다(山雨欲來風滿樓)"를 인용한 글. 정세에 중대한 변화가 일어나기 전에 조짐이 보이는 것을 비유하여 표현했다.

을 것이다. 도쿄에 갈 때마다 나는 히비야 공원 부근의 아사히관(旭館)에 숙박을 했는데, 이번은 마침 의회 개회기여서 아사히관은 국민당 의원들로 만원이었으므로 어쩔 수 없이 지쿠지(築地)의 오카모토여관(岡本旅館)에 투숙했다. 지쿠지 방면은 원래 도쿄의 저지대여서 여지껏 이 지역에 숙박하기를 꺼려 온 탓에 이 여관에 묵는 것은 이번이 처음이었다.

방을 정한 뒤 잠시 쉬고 나서 먼저 아키야마 중장을 방문하기로 했다. 그때 그는 해군 군령부장의 직에 있었다.● 해군 군령부는 육군 참모 본부와 같은 최고의 군령 기관이므로 당시 그는 해군의 최고 영수였다고 할 수 있다. 그러나 그의 주택은 매우 간소하여 당시의 집세로 기껏해야 한 달에 30엔 정도 하는 작은 집이었다. 나는 전에 여러 차례 방문하여 출입구를 알고 있어 정원을 가로질러 직접 그의 서재로 들어갔다. 그는 책 더미에 둘러싸여 눈을 감고 명상에 잠겨 있었는데 기척을 느끼고 눈을 떴다. 이윽고 나를 알아보고는 놀란 표정으로 몸을 일으키며 말했다.

"자네 언제 왔는가? 안색이 좋지 않네그려."

● 그때~있었다 : 사실 당시의 해군 군령부장은 시마무라 하야오(島村速雄, 1858~1923)이므로 이는 이 책의 지은이 다이지타오의 착오이다. 아키야마는 전년인 1916년까지 해군성 군무국장 자리에 있었는데 이와 혼동한 것 같다.

나도 펄쩍 뛸 만큼 놀라서 대답했다.

"지금 막 도쿄에 도착했습니다. 여관을 정하고 곧바로 선생님께 왔습니다. 이번에는 아사히관이 만원이어서 오카모토여관에 숙박을 정했습니다."

그는 다시 눈을 감고 두 손을 모아 1~2분 묵상한 후 이렇게 말했다.

"음. 그래, 자네에게 화가 되는 일은 아니지만, 자네가 묵고 있는 장소가 나쁘네. 그곳은 머지않아 천재가 일어날 테니 빨리 고지대의 여관으로 옮기게. 낮은 지대에 있어서는 안 된다네."

나는 여우에게 홀린 듯한 느낌이었으나, 그가 항상 이런 식으로 말하는 것을 이미 알고 있었고 거스르기도 난처하여 잠시 생각한 후 대답했다.

"도쿄에서 가장 높은 곳이라면 로쿠반초(六番町)의 긴세이관(金生館)으로 옮기면 되겠습니까?"

그러자, "그곳은 괜찮으니 빨리 옮기게. 그곳이 최선의 장소네"라고 말했다. 그러고 나서 나는 총리의 편지를 전하면서 본론으로 들어갔다. "선생께서는 중국의 정국을 어떻게 보십니까?" 라고 물었더니, 그는 또 눈을 감고 예의 묵상을 몇 분 간 하고 나서 눈을 뜨며 "열흘을 넘기지 못해 중국에는 국체의 변동이 일어날 것이네. 이 변동은 베이징에서 발생하여 발생 후 사흘도 못 가 결국 실패로 끝날 것이다" 라고 말했다.

이에 한 발 더 나아가 그 다음에 어떻게 되는지 물었더니, 그는 자신의 능력으로 알 수 있는 것은 이런 정도이며 앞으로의 일은 그러한 국면이 현실로 나타나 보아야 알 수 있다고 했다. 나는 그 후 이야기를 좀더 나누고 돌아왔다. 그의 예언은 흥미로웠지만, 그의 태도에 석연치 않은 구석을 느끼지 않을 수 없었다. 오카모토여관에 돌아와 전화로 긴세이관에 방을 잡아 즉시 짐을 옮기고 나서 나는 다나카 중장을 방문하였다. 그의 집은 화양(和洋) 절충식으로 매우 호화로운 저택이었다. 서재에는 눈부신 금빛 책들이 꽉 채워진 책장이 있고 그 앞에는 서양식 책상이 떡하니 놓여 있었다. 아키야마의 어지러운 고대 중국식 서재와는 대조적이었다. 나는 서재로 안내되어 다나카가 나오기까지 혼자 기다리고 있었는데, 문득 벽에 걸려 있는 금을 입힌 표구의 족자 한 쌍이 눈에 들어왔는데 아주 새것이었다. 그것은 장쉰이 그에게 보낸 것으로, 위쪽에는 "田中中將雅正" 이라고 쓰여 있고 아래쪽에는 "弟張勳拜書" 라고 쓰여 있었다. 그 내용은 기억할 수 없으나 장쉰의 친필은 아닐 것이다. 때가 때인 만큼 나는 그 족자를 보고는 여러 가지를 연상하지 않을 수 없었다. 그러나 글씨를 주고받는 것은 중국인에게는 통상적 습관이므로 나는 그다지 이상하게 생각하지 않았다.

얼마 후 나타난 다나카 중장은 내가 장쉰의 족자를 보는 것이 매우 신경 쓰이는 모양이었다. 통상적인 인사를 마치자, 그는 나는 아랑곳없이 자기는 중국의 복벽에 반대한다는 것, 그 때문에 일부러 장쉰을 만나러 갔었다는 것, 그리고 장쉰에게 결코 복벽을 해서는 안 된다고 설득한 것 등에 대해 이야기를 늘어놓기 시작했다. 이야기는 장황하게 길어졌는데, 이야기하면 할수록 나는 도무지 이해할 수가 없었다. 내 쪽에서 그와 장쉰이 의심스럽다고 하지도 않았고, 그가 장쉰으로 하여금 복벽을 일으키게 선동하고 있다고 의심하지도 않았다. 그런데 그는 이처럼 열변을 토하며 변명에 열심이었다. 실로 기묘한 생각이 들었다.

어쨌든 나는 이 두 중장과의 회견을 통해 시국에 대한 관측 등 적지 않은 지식을 얻었다. 나는 피곤하기도 하고 시간도 늦었으므로 곧바로 긴세이관으로 돌아왔다.

긴세이관 앞에 도착하자, 여느 때와 달리 문 앞에 마차가 장사진을 이루고 있어 누군가 중요한 정치적 인물이 묵고 있음을 직감케 하였다. 방에 돌아와서 주인에게 그 내막을 물어보았더니 소위 '일본의 중국 복벽당'이 모두 이곳에 모여 있다고 했다. 숙친왕파(肅親王派), 공친왕파(恭親王派), 선통제파(宣統帝派)의 거두들이 모여 있다는 것이었다. 만주 왕조가 무너지고 나서 그 황족 들은 숨어서 편안하게 지내려고만 했지 복벽을 획책하는 용기를 가진 자는 한 사람도 없었다. 소위 복벽당에 속하는 중국인은 장쉰과 성윈(升允)● 두 사람을 제외하면 우즈훼이(吳稚暉) 선생이 '쥐새끼 일파'라고 이름 붙인 골동품 사기 상인들●이 있을 뿐이었다. 소위 복벽운동가란 일본에만 존재하였는데, 그중에서도 일본의 베이징 낭인, 만주 낭인들이 밤이나 낮이나 열심히 책동을 꾸미며 돌아다니고 있었다. 그날이 마침 그들의 대출동 날이었다. 오쿠라구미(大倉組)○가 활동비로 2백만 엔을 기부함에 따라 이와 같이 성황을 이루었다고 한다.

나는 그날 밤 당장 자세한 보고서를 총리에게 보냈다. 나의 임무는 이로써 끝났다. 도쿄에 3~4일 더 묵은 뒤 나는 상하이로 출발했다. 내가 도쿄를 떠난 1~2일 후 도쿄만에는 대해일이 발생했다. 폭풍과 함께 해수가 지쿠지 일대를 휩쓸어 거리에는 사람과 물건을 나르기 위해 작은 배가 오갈 정도였다고 한다. 아키야마 중장이 말한 천재란 이것을 가리킨 것이다. 상하이에 도착해 보니, 장쉰의 복벽은 이미 시작되어 신문지상은 "아무개는 왕에 봉

● 성윈 : 청나라의 군사 · 행정 제도인 팔기 가운데 몽골팔기에 속하던 사람.

● 골동품 사기 상인들 : 청나라의 옛 신하로 황실의 유물을 빼내 팔아넘기는 자들을 가리킨다.

○ 오쿠라구미 : 오쿠라 기하치로가 보신전쟁 때 군수품을 팔아 부를 쌓아 무역업에 진출한 뒤 그 자금을 바탕으로 1893년에 세운 회사.

해지고 아무개는 후에 봉해졌다" 등의 기사로 떠들썩했으나, 돤치루이(段棋瑞)[●]의 군대 마창병(馬廠兵)의 도착과 함께 황제의 꿈은 물거품같이 사라졌다. 베이징에 국체의 변혁이 발생하는데 사흘도 못 가서 실패로 끝날 것이라고 말한 아키야마 중장의 예언이 꼭 맞아떨어졌다. 어떻게 이렇게 예언이 적중될 수 있는 것일까. 이에 대해 쑨 총리는 이렇게 해석했다.

"아키야마 중장은 일본 해군의 최고 학자이며, 기상학에 대해서는 전문가이다. 더욱이 당시 해군 군령부는 끊임없이 각국 각처로부터 천문 기상의 보고를 받고 있으므로 어디에서 태풍이 발생했는가, 이 태풍은 어느 정도의 세력을 가진 것인가 예측할 수 있었을 것이다. 또 그는 정부의 최고 당국자로서 각 방면의 소식에 정통했다. 사상적 경향으로 보자면, 그는 장쉰의 복벽에는 반대하는 입장에 있었다. 우리에게 질문을 받아도 하고 싶은 말은 산처럼 있으나 직책상 함부로 입 밖에 낼 수 없었었을 터이다. 그래서 궁여지책으로 정좌묵상에서 얻은 것처럼 자신의 의견을 말

● 돤치루이 : 1865~1936, 중국의 정치가. 1913년 국무총리가 되어 위안스카이의 독재 정치에 협조했으나 후에 제제운동(帝制運動 : 황제에 즉위하려는 움직임)에 반대했다. 제제가 실패한 틈을 이용해 베이징 정부의 실권을 잡으려 군벌 전쟁을 벌였다. 일본과 밀접한 관계를 가져 1918년 데라우치 내각의 지원을 받은 그는 차관을 통해 거액의 자금을 받았다.

한 것이다."

정확한 설명이다. 이것이 정곡을 찌른 해석일 것이다. 어느 부자가 돈을 감춰 놓고 "이곳에 은 300냥이 없다"라고 표찰을 세워 놓았는데, 이를 훔친 이웃의 소승(小僧)이 "이웃에 사는 소승은 결백하다"라는 표찰을 세웠다는 이야기가 있다. 지금에서야 그 일을 돌이켜 보면 같은 맥락이었다고 생각할 따름이다.

아키야마 중장은 실로 아까운 인물이었다. 이 천재는 나와 회견했을 때 이미 불치의 암에 걸려 있었고, 그후 6개월도 못 가서 세상을 떠났다. 육군의 가쓰라가 죽고 해군의 아키야마가 그 뒤를 이었다. 이후 일본의 육해군에 이에 필적한 만한 인물은 나타나지 않을 것이다.

20. 어제의 다나카 중장

지난 15~16년간에 일어난 중국 정국의 변동은 예외 없이 외국 세력에 의해 좌우되었다는 사실을 우리는 잊어서는 안 된다. 그간 주도적이고 독립적인 행동을 취한 사람은 총리인 중산 선생 단 한 사람이었고, 그 밖에 정권에 자리 잡고 있던 인물들은 거의 전부 수동적이었으며, 그것도 대부분 제국주의 세력에 의해 좌지우지되고 있었다. 그들은 제국주의자가 동쪽이라고 하면 동쪽을 향하고, 서쪽이라고 하면 서쪽을 향했다. 총리의 서거 후 이번에는 많은 사람이 러시아에 대하여 같은 태도를 취했다. 공산당도 마찬가지다. "내가 세상을 조종하면 살아남고 타인에게 조종당하면 망한다"라는 말이 있다. 남에게 조종을 당하는 태도야말로 중국인이 건국 능력을 잃었다는 증거이다. 총리의 다음과 같은 언급은 참으로 옳은 말씀이다.

"불평등 조약을 폐기하고 민족의 평등과 국가의 독립을 회복하지 못하면, 중국은 영원히 통일의 날을 맞이할 수 없을 것이다. 중국이 통일되지 못하는 최대의 이유는 중국인 스스로 자신감을 잃고 외국의 제압을 감수하고 있기 때문이다. 또한 밖으로부터의 원인은 절대적인 군사력과 재력을 가진 외국이 중국인의 자신감 상실이라는 면을 이용하고 불평등 조약을 도구로 하여 중국을 교란시키고 있다는 점이다."

이제까지의 서술에서도 밝힌 바와 같이 일본이 강국이 되고, 통일을 완성하고, 유럽 문화를 흡수하여 통일적인 민족 문화를 완성한 것은 일본 민족의 자신감의 산물이었다. 신앙이야말로 생존의 기초이며, 자신감이야말로 활력의 근간이다. 이 점을 중국인은 통절하게 반성하고 개선을 위해 노력할 필요가 있다.

세계대전이 발발하자, 유럽 열강은 중국에서의 정치 활동을 전개할 만한 여유를 잃었다. 이런 틈새 속에서 중국의 정치 문제는 완전히 일본인의 조종 하에 들어갔다. 그러면 중국의 정국을 조종하는 일본의 중심인물은 누구인가. 우리는 이 문제에 대해 깊이 탐구할 필요가 있다.

앞에서 밝혔듯이 다나카 기이치 대장은 일본의 조슈계 군벌의 직계이며 야마가타 아리토모의 뒤를 이은 인물이다. 그가 가장 화려하게 활동하던 시기는 그가 중장으로 참모차장의 지위에 있던 시기였다. 그의 활동 양상은 가쓰라 다로의 대범하고 창조적인 행동과 다르다. 또한 아키야마 사네유키의 정신적 가치를 중히 여기는 태도와도 다르다. 말하자면 그는 일본의 전통 사상, 전통 정책, 전통 세력에 의존하여 자신의 두뇌와 재능을 최대한 발휘하려는 포부 따위는 전혀 없었다. 현 정권을 유지하는 일밖에는 안중에 없었으며 정치적 이상도 지니고 있지 않았다. 대중국 정책에서는 중국의 정치를 조종하려고는 하지만, 중국 정치의 중심이 어디에 있는지를 인식하지 못했다. 마침내 일본의 사회 정세에 변화가 일어나 혁명의 풍조가 형성되고, 중국의 민중이 각성하여 혁명 세력이 신장하면서 세계 정세가 긴장됨에 따라 일본의 아시아에서의 지위가 동요하기 시작하였다. 이러한 현상과 추세는 그를 공포의 밑바닥으로 떨어뜨렸다. 그가 두려워했던 것은 일본의 번벌 정권이 밀려나는 일이며, 일본의 신권 신앙이 실추되는 일이며, 일본 제국의 생명이 끊어지는 일이며, 또한 중국의 혁명운동이 일본의 전통적 정권의 수행을 방해하는 일이며, 중국의 혁명이 일본의 민중에게 영향을 미치는 일이며, 세계의 조류가 일본의 지위와 지배를 밀쳐 버리는 일이었다. 내일은 어떻게 변하리라는 전망도 내일이 어떻게 되어야 한다는 비전도 그에게는 없었다. 오직 그는 과거에 연연하여 앞날을 두려워했다. 따라서 현재는 희망 없는 하루살이 생활을 영위하고 있었다.

그렇지만 그런 생활에 만족하지 못해 역사의 톱니바퀴를 거꾸로 돌리는 결과가 된 것이다. 그러므로 항상 실패하지만, 아무리 실패해도 그만두지 않았다. 그가 집착하는 과거는 이미 존재하지 않는 것이나 그는 그것을 지워 버릴 수가 없었다. 그러나 그가 두려워하는 앞날은 한시도 쉬지 않고 다가왔다. 그것을 저지할 수도 흐름을 바꿀 수도 없었다. 당황하여 지혜를 짜내면 짜낼수록 결과는 졸렬해지고, 분발하면 할수록 기력을 상실하게 되었다. 정치가는 성공한 영웅과 실패한 영웅으로 나뉜다는데, 다나카 대장의 장래는 아마도 '실패한 비(非)영웅'이 아닐까 생각한다.

내가 이렇게 말하는 것은 결코 그를 비방하려고 하는 것이 아니다. 현재 일본의 지위와 역사적 상황에서 말하자면, 인습적인 세력의 지배를 타파하려고 해도 쉽게 해결할 수 있는 일이 아니다. 다만 하나하나가 모두 유해무익했던 이제까지의 그의 활동을 생각할 때 중국을 위해, 일본을 위해, 또한 전 동방 민족을 위해 한탄하지 않을 수 없다.

나는 올봄(1927) 국민당의 명을 받아 몇 년 만에 일본을 방문하여 도쿄에서 다나카 대장과 회견을 가졌다. 기력은 여전히 쇠하지 않았고 야심도 변함이 없었지만, 한 가지 큰 변화가 있음을 알 수 있었다. 예전의 다나카 중장은 자나 깨나 "나는 해야 한다"였으나, 지금의 다나카 대장은 "나는 하지 않을 수 없다"인 것이다. "나는 해야 한다"의 다나카 중장은 시국을 움직일 마음가짐이었으나, "나는 하지 않을 수 없다"의 다나카 대장은 시국의 변화에 움직여지고 있었다. "나는 해야 한다"의 다나카 중장은 "두렵지 않다"라는 마음가짐인 데 비해, "나는 하지 않으면 안 된다"의 다나카 대장 심중은 "두렵다"였다.

중산 선생은 예전 일본 체재 당시 다나카의 업적을 칭찬한 적이 있다. 본래 중산 선생은 상대방이 누구이든 동지로 취급하는 성향이 있다. 이는 "세상에 악인은 한 사람도 없으며, 또한 절대로 변하지 않는 인간은 없다"라는 인간관을 가지고 있기 때문이다. 인류 행위의 잘못은 모두 '부지(不知)'에서 연유된 것이며, '지(知)'에 다다르면 반드시 '행(行)'이 가능하다는 것이 선생의 생각이었다.●

다나카가 중장으로 있던 시절 그는 활기에 넘쳐 있었고, 더구나 일본의 정권을 조종하는 지위에 있었다. 국제 문제에 관해서도 그 자신이 방침을 정할 수 있었다. 당시 일본의 모든 외교 방침이 국방 계획에 종속되어 있었으며, 내각의 정책도 참모 본부

● 인류~생각이었다 : 본디 "아는 것은 쉽지만 행하기는 어렵다"라는 것이 중국의 전통적인 사고였다. 그러나 쑨원은 이와 반대로 "아는 것은 어렵고 행하기는 쉽다"라는 지난행이설(知難行易說)을 주장했다. 아는 것은 쉽다는 사고방식에 지배되어 지를 소홀히 했기 때문에 중국의 진보가 저해되었다고 생각한 쑨원은 지의 중요성을 강조했다.

가 좌지우지하고 있었기 때문이다. 정책 결정권은 내각 총리대신에게 있기는 하지만, 내각은 스스로의 지위를 보증할 수도 없었다. 법률상 참모 본부는 정권을 지배할 수 없는 형태이나, 실제의 정치 운용상 내각의 성립 여부를 결정하는 것은 참모 본부였다. 그렇게 중요한 지위에 있던 다나카 중장이 만약 아키야마 군령부장과 같은 사상을 지니고 있었다면 중국의 혁명 사업은 대폭적인 진전을 이루었을 것이다.

왜냐하면 일본의 지위와 역량으로 보아 중국의 시국을 좌우하는 일은 용이했으며, 중국에서 일어나는 일체의 사업 진행을 멈추게 하여 이를 저지할 수 있었기 때문이다. 특히 내전이 일어났을 경우에는 중국 전체의 교통과 통신이 일본인의 손안에 장악되어 버렸을 것이다. 모든 주요 도시에 참모 본부의 무관이 주재하고 있었고, 그 지방의 우두머리는 이들 주재 무관과 연계를 맺고 있었으며, 주재관 쪽에서도 그러기를 바라고 있었다. 그러므로 아무리 교통이 불편한 지방에서도 그들은 통신망을 확보하고 있었다. 어디에서 어떠한 사건이 일어나든 그들은 반드시 제일 먼저 정보를 입수했다. 중국 각지의 정치 · 군사 정보를 가장 확실하게 그리고 신속하게 입수하는 것은 아마도 일본 참모 본부였을 것이다.

중산 선생이 다나카 중장에게 걸었던 기대는 두 가지이다. 첫 번째는 그가 일본의 전통적 정책을 버리는 것이며, 두 번째는 그가 스스로 자신의 잘못된 인식을 바로잡는 일이었다. 다나카만큼 중국과 관련 깊은 지위에 있는 사람이 없기 때문이다. 그러나 그 기대는 완전히 배신당했다. 모든 동식물은 화석이 될 수는 있지만, 화석은 동식물로 돌아올 수 없는 법이다.

민국 5(1916)년 위안스카이를 반대하는 운동에 일본인들이 깊이 개입되어 있었다.● 일본인들은 왜 위안스카이를 배척하였는가. 동양의 역사에 조금이나마 관심을 가진 사람이라면 이를 이상한 일로 생각하지 않을 것이다. 청일전쟁 시기에 위안스카이는 조선에 주재 중이었는데, 조선의 왕실과 정부에 압력을 넣어 일본을 배척하도록 하였다. 이것이 위안스카이의 최초의 정치 활동이었다. 그후 위안스카이는 정권을 잡자, 제국주의 열강 앞에 무릎을 꿇은 점은 여전하나 일본을 유일한 주인으로 여기지 않았다.

지난 20~30년간 일본은 중국을 독점해 왔다. 의혹이나 반항심을 가지지 않고 일본의 권력에 순종하면 일본은 그 정권 담당자에게 원조해 주었다. 그러나 반일론자는 물론이고 친일론자라 할지

● 민국~있었다 : 위안스카이는 군벌의 일인자였다. 신해 혁명 후 군사력을 가지지 못한 쑨원은 중화민국의 임시 대총통의 자리를 그에게 물려주었다. 그러나 그는 쑨원을 배반하고 독재를 했으며, 1915년 말 스스로 황제에 오른다고 선언했다. 이에 국민들 사이에 일제히 반위안스카이운동(제3혁명)이 일어났다. 이 반대 운동으로 위안스카이는 황제가 되겠다는 선언을 취소한 후 병사했다.

라도 일본을 유일한 주인으로 인정하지 않으면, 일본은 이를 신용하지 않았다. 위안스카이는 일본을 주인으로 여기지 않았을 뿐만 아니라 일본에 대하여 원교근공의 정책을 취했다. 이것이 일본인이 위안스카이를 배격한 첫 번째 이유인 것이다.

두 번째 이유는 기회의 포착이다. 중국에서 위안스카이를 배척하는 풍조가 이미 진압 불가능한 상태에 이르렀다는 점은 일본인의 눈에도 분명해 보였다. 위안스카이의 몰락은 이미 필연적 운명이었다. 이러한 시류를 이용하여 위안스카이 타도파를 육성하는 것이 일본인으로서 중국의 정권을 조종할 수 있는 하나의 기회였다. 총명한 참모 본부의 다나카 중장이 이 기회를 놓칠 리가 없었다. 이것이 두 번째 이유이다. 다나카의 화석화된 두뇌가 시종일관 중국 혁명이 성공하거나 혁명당이 중국에서 우위를 점하기를 원하지 않았음은 당연하다.

여기서 그와는 대조적인 인물로, 신해 혁명 당시 일본의 내각총리였던 사이온지 긴모치에 대해 알아보자. 그는 일본 근대 정치가 중 가장 유능한 인물 중 한 사람이다. 교토의 옛 구교 출신으로, 메이지유신 당시 도막운동에 참가한 구교 가운데 최연소자였다. 그의 성격은 참으로 귀공자 중의 모범적인 인물이라고 할 수 있는데, 총명하고 성실하며 침착하면서 품위를 지니고 있었고 인내력과 함께 결단력도 지니고 있으며, 사상적으로는 프랑스식 자유주의사상을 받아들이기도 하여 현대의 정치 및 사회에 관한 이해가 깊었다. 출신은 구교이지만 유신 당시 무사와 빈번하게 그리고 오랫동안 접촉했던 경험이 그를 원숙하고 재기 있는 정치가로 만들었다. 많은 원로 중에서 두뇌가 화석화된 부분이 가장 적은 사람이 그였다.

우한(武漢)에서의 혁명군 봉기●가 일본 정부와 궁내부에 일대 쇼크를 주었음은 말할 필요가 없다. 당시 두 주장이 대립하였다. 청조를 도와 혁명군을 진압하기 위해 출병해야 한다는 주장과 중립을 지켜 중국의 정국에는 불간섭의 입장을 취해야 한다는 주장이었다. 조슈 군벌의 원로 야마가타 아리토모는 추밀원 의장이었는데, 어전회의 석상에서 출병을 주장했다. 추밀원의 의원들 대부분이 이에 추종했음은 당연하다. 그때 사이온지는 아예 이렇게 말했다.

"혁명이란 바람직한 일이 아니다. 한 나라에 가장 좋은 방책은 혁명이 일어나지 않는 것이지만, 일단 혁명이 일어난 이상 반드시 성공해야 한다. 혁명이 성공하지 못하면 정치가 오랫동안 불

● 우한에서의 혁명군 봉기 : 1911년 5월 청나라 정부는 재정난을 타개하려고 철도 국유령을 발표했고 중국 전국 각지에서 광범위한 반대 운동이 일어나 마침내 무장 투쟁으로 번졌다. 10월 초 무장 투쟁을 진압하려 군사를 동원하자 우한에서 활동하던 혁명파가 10월 10일 우창(武昌)에서 봉기하여 중화민국 군 정부를 설립함으로써 신해 혁명(제1혁명)의 발단이 되었다.

안정하게 된다. 이는 역사의 법칙이다. 다른 나라의 혁명을 진압하려는 일을 해서는 안 되며, 또한 그렇게 할 수도 없다."

결국 이 주장이 채택되었다. 일본의 군벌들이 중국의 혁명운동에 반대해 온 주 원인은 중국의 혁명이 일본에 영향을 줄지도 모른다는 두려움을 가지고 있었기 때문이다. 그러한 공포에 대해 나도 당연히 그럴 것이라고 생각한다. 왜냐하면 혁명운동은 한편으로는 사실이며 다른 한편으로는 사상인데, 양자는 서로 응답하거나 서로 결합할 가능성이 있기 때문이다.

분명히 일본도 한 번은 민권 혁명을 경험하였다. 막부를 무너뜨리고 전국을 통일하고 의회를 개설하고 헌법을 반포하였다. 그러나 이것이 몇십 년 지나고 나니까 전 시대의 유신은 타성이 되어 버렸다. 새로 조직된 사회에는 새로운 요구가 일어나고 새로운 결점이 나타나게 마련이다. 이리하여 민주 세력과 번벌 세력 간에 대립 현상이 생겨 당시에 이미 군벌타도운동이 민간에 확산되고 있었다. 만약 중국 혁명이 성공하면 직접 · 간접으로 일본의 군벌에 주는 타격은 클 것이었다. 제3차 가쓰라 내각이 붕괴된 것도 당시 민중운동이 발흥한 것도 배경에는 중국 혁명의 영향이 있었던 것이 확실하다. 이러한 관계와 역사를 통해 알 수 있는 바와 같이 야마가타 아리토모의 후계자들이 야마가타와 같은 계열, 같은 형태의 사상을 품고 있었음은 당연한 일이다.

그렇기 때문에 중국에서 위안스카이 타도운동이 일어났을 때, 다나카 중장이 먼저 어떤 행동을 취했는지가 우리의 관심을 끄는 것이다. 그가 제일 먼저 취한 행동은 남방에 있는 첸춘셴(岑春煊)● · 탕지야오(唐繼堯)●의 세력을 부추겨 중산 선생이 지도하는 중화혁명당● 세력을 억제하는 일이었다. 남방 세력은 연합해서 단결해야 하며 분산되어서는 안 된다는 바가 그의 주장이었다. 중국의 정세를 분석하여 혁명 대 반혁명이 아니라 남방 대 북방이라는 형태를 취하는 것이 그들의 방법이었다. 더욱이 당시는 국민당원이나 또는 동맹회● 이래의 고참 당원들 중에도 혁명을 망각하고

● 첸춘셴 : 1859～1933, 청나라 말의 정치가. 일찍부터 위안스카이와 대립관계에 있었고 1913년의 제2혁명 때 토원군 대원수에 올랐으며, 혁명 실패 후 국외로 망명했다 제3혁명 때 귀국하여 광둥군 정부에 가담하여 반쑨원파의 입장에서 북방 정권과 타협을 꾀했다.

● 탕지야오 : 1882～1927, 윈난(雲南)을 근거로 하는 군벌. 위안스카이의 제제운동에 반대하여 윈남의 독립을 선언했다. 위안스카이의 사후 윈난성 독군(督軍) 겸 성장(省長)을 지냈으며, 광둥군 정부에 가담하여 쑨원의 사후에는 후계자를 자칭하며 실권을 쥐려다 실패했다.

● 중화혁명당 : 1913년 제2혁명에 실패하여 일본에 망명 중이던 쑨원 등 혁명파가 도쿄에서 결성한 정치적 비밀 결사. 전제 정치의 배제, 완전한 민국의 건설, 민생주의와 민권주의의 실행을 목표로 했다. 1919년 10월 10일 중국국민당으로 개칭했다.

● 동맹회 : 정식 명칭은 중국혁명동맹회. 중화혁명당의 모체가 된 단체로, 1905년 일본 도쿄에서 쑨원이 결성했으며 신해 혁명의 준비 공작을 했고

'남 · 북'에 눈이 팔려 있을 정도였으니 일본인이 그렇게 말하는 것은 무리가 아닐지도 모른다.

당시 참모 본부는 아오키 노리즈미(青木宣純) 중장을 중국에 파견했다. 그 아오키 밑에서 실제 공작을 맡은 사람이 지금 참모 본부 제2부장인 마쓰이 이와네(松井石根)였다. 남방에서의 각 군의 연락, 세력의 집산, 정부의 조직 등 실제로 모든 것을 아오키가 지휘했다. 첸춘센의 귀국 및 귀국 후 활동, 군사 조직, 정학계(正學係)와 연구계(研究係)의 연합 등 이들 간의 관건은 모두 도쿄의 참모 본부가 쥐고 있었다. 남방뿐만이 아니었다. 당시 다나카 중장의 관심은 그 밖의 지역에까지 광범위하였다. 그는 중국 중부에서는 장쉰을 원조하여 후의 독군단운동(督軍團運動)● 및 복벽운동에 대비한 복선을 준비해 두었다. 또한 북부에서는 돤치루

성공시켰다.

● 독군단운동 : 독군은 성의 군정장관으로, 중앙 정부에 힘이 없어 지방에서 전권을 장악하고 있는 독군이 많았다. 제1차 세계대전 때 연합국 측이 중국에게 대독일 참전을 요구해 오자, 대총통 리위안훙(黎元洪)은 반대했고 내각 총리인 돤치루이는 찬성하여 분쟁이 일어났다. 이때 돤치루이는 자신의 세력 하에 있는 독군들을 베이징으로 불러들여 국회에 압력을 가했다. 리위안훙은 결국 돤치루이를 면직했고 돤치루이는 이에 불복, 독군단과 연락하여 정부 타도를 주장했다. 이에 리위안훙은 장쉰에게 조정을 의뢰했고 장쉰은 이를 이용해 복벽을 꾀했다.

이를 원조하여 후에 베이징 정부를 장악하고, 리위안훙(黎元洪)● 을 견제하며 장쉰을 무너뜨리고, 세계대전의 참전, 중일협약(21개조) 체결 등의 복선을 만들어 대비했다. 이것도 부족하여 그는 펑톈(奉天)의 장쭤린(張作霖)● 세력을 원조하여 후에 여러 차례의 봉직전쟁과 현재의 펑톈군 남하에 대비한 비책을 깔아 두었다. 이러한 주도면밀한 활동에서 그가 일관되게 역점을 둔 것은 중국을 통일시키지 않겠다는 생각이었다. 특히 혁명에 의해 통일이 이루어지지 않게 하며, 혁명의 영수인 중산 선생에 의해 통일되지 않도록 하는 것이었다.

그후 수년간에 걸친 중국의 분규와 혼란은 예외 없이 당시의 다나카 중장의 방침과 직접 · 간접으로 관계가 있다. 민국 6~7년 이래 그리고 5 · 4운동에서 오늘에 이르기까지의 중국의 민중운

● 리위안훙 : 1866~1928, 중화민국의 군인이자 정치가. 신해 혁명 후 후베이(湖北)의 군도독을 지냈으며 민사라는 정당을 결성했다. 민사는 공화당, 진보당으로 변신하며 위안스카이를 옹립하고 국민당에 대항했다. 위안스카이 사후 대총통이 되었으나 복벽 사건으로 쫓겨났다.

● 장쭤린 : 1875~1928, 중국의 군인이자 정치가. 마적으로부터 펑톈의 독군 겸 성장이 되었고 마침내 둥산성(東三省)을 지배하는 군벌이 되었다. 1922년 제1차 봉직전쟁에서 우페이푸(吳佩孚)와 싸워 패배했고 1924년 제2차 봉직전쟁에서 설욕하여 그 세력이 상하이까지 미쳤다. 1926년에는 남하하여 베이징 정부를 장악하나 혁명국의 북벌에 밀려 철수하던 중 일본군에 의한 열차 폭파로 사망했다.

동도 비록 민중들이 다나카의 존재를 알지 못했고 다나카가 중국 민중의 성장을 바라지 않았다고는 하지만, 모두 다나카의 사상이나 행동과 밀접하게 관련이 있었던 것이다. 그 증거는 많은 사건이 다나카 중장이 취한 정책에 의해 발생했다는 것이다. 여기에다 일본의 자본가와 상인이 중국에 대하여, 또는 중국에서 취한 행동이 다나카 중장의 언행과 대단히 밀접한 관련이 있었다. 일본의 현대 자본가에 대한 내력은 앞에서 그 윤곽을 제시한 바 있지만, 도막 시기부터 세계대전의 발발에 이르기까지 일본의 자본가는 독립된 사업가가 아니라 어용상인이 일본 정부, 특히 육해군 당국의 뜻에 따라 행동했음은 말할 필요도 없다.

이제까지의 서술을 통하여 최근 수년간 중국의 정치 변동과 사회 변동의 모든 것이 일본의 군벌과 직접 · 간접으로 연결되어 있음을 이해했으리라고 생각된다. 이렇게 보더라도 민족의 생존을 위해 가장 중요한 것은 통일과 독립이며, 통일과 독립을 이룩하는 데 가장 중요한 요소는 자신감이라는 것을 알 수 있다. 한 시대의 정치운동에서도 같은 맥락이라고 말할 수 있다. 한 단체가 또는 한 단체의 운동이나 정치가의 활동이 통일성과 독립성을 잃고 자신감을 잃는다면, 결과는 패배뿐이다. 이는 자신만의 실패에 그치지 않는다.

통일성이 없고 독립성이 없는 운동은 사회의 각종 계급 및 각종 조직에 대하여 맹목적인 파괴를 낳아 파멸로 이끌 뿐이며, 또한 스스로 제어할 능력을 잃은 사회에서는 어떠한 도덕도 어떠한 제도도 배양될 수 없는 것이다. 일본 민족이 강하고 중국 민족이 약하다고 나뉘는 기준이 되는 것이 바로 이 점이다. 총리가 지난 40여 년간에 걸쳐 노력해 온 바는 바로 중국 민족에게 자신감을 불러일으키고, 통일성과 독립성을 지닌 중국 민족을 양성하는 데 있었다. 혁명이란 창조이며, 건설이며, 독립이며, 통일인 것이다. 또한 삼민주의는 중국 민족에게 자신감을 보장하는 것이며, 독립성과 통일성을 보장하는 것이다. 중국인이 삼민주의를 철저하게 받아들이지 못하는 것은 자신감의 결여가 아니고 무엇이겠는가.

제국주의가 중국에서 기세를 올리고 있는 것은 그들이 우리 중국인의 이러한 약점을 알고 이용하기 때문이다. 제국주의뿐만 아니라 일체의 외부 세력이 중국에 침입하여 민중을 억압하고 정국을 소란하게 만들고, 사회를 파괴하는 근본 원인은 내부에 있는 것이지 외부에 있는 것이 아니다. 위안스카이를 비롯하여 펑위샹(馮玉祥),● 돤치루이, 장쭤린, 첸춘셴 그리고 이미 실패해 버린 우

● 펑위샹 : 1880~1948, 중국의 군인이자 정치가. 처음에는 돤치루이를 따랐다가 우페이푸에 가담했고 제2차 봉직전쟁에서는 펑톈파에 가담하여 베이징에 들어가 황제 푸이를 추방했다. 1926년 모스크바에 갔다가 중국

페이푸(吳佩孚),• 실패에 빠져 있는 쑨촨팡(孫傳芳)• 등의 무리의 특징은 무엇인가. 이들은 중국인임에 틀림없다. 그러나 그들의 특징은 중국인으로서의 자신감을 잃고 이른바 실력자에게 의지하여 떠돌이 생활을 하면서 외국인에게 허리를 굽실거리는 데 있다.

공산당의 잘못도 이와 크게 다르지 않다. 확실히 최근의 중국 청년은 각성하기 시작하였는데, 문학 혁명•에 의해 야기된 청년의 자각은 그들에게 강력한 자신감을 안겨 주었다. 하지만 아직 여명기에 불과한 이 계몽운동이 민족독립운동이라는 자각에서 한때에 제3인터내셔널(코민테른, 국제공산당조직)에 의한 지배라

국민당에 입당했으나 반장제스 입장을 취했다.

- 우페이푸 : 1872~1939, 중국의 군인이자 정치가. 위안스카이의 부하 차오쿤(曹錕)을 도와 세력을 확장해 갔다. 돤치루이와 장쭤린을 차례로 패퇴시켰으나, 1924년 제2차 봉직전쟁에서 패하자 장쭤린과 타협하여 북벌군에 맞섰지만 참패했다.
- 쑨촨팡 : 1885~1935, 중국의 군벌. 우페이푸의 부하로 푸젠(福建)에 들어가 양쯔강 유역의 군벌이 되었다. 제2차 봉직전쟁 이후 펑톈파의 진출과 혁명군의 북벌에 맞섰다. 1926년 혁명군에 패하여 세력을 잃고 펑톈파에 투항했으나 1935년 암살되었다.
- 문학 혁명 : 1910년대 후반에서 1920년대 초에 걸쳐 중국에서 일어난 문학 · 사상의 개혁운동. 1911년 신해 혁명 후에도 사회적 · 문화적 변혁이 따르지 않고 여전히 봉건 문화가 지배적이고 군주제의 부활이 기도되었다. 이에 많은 지식인이 구어문 제창, 유교 도덕의 비판 등을 내용으로 하는 글을 발표하며 문학 혁명이 전개되었다.

는 의식으로 변질되었을 때, 그들의 자신감은 소멸되었고 이와 함께 독립성과 통일성도 잃었다. 사상적인 결함은 실제의 결함을 낳게 마련이다. 이렇게 길을 잘못 든 청년들은 중국의 혁명이 러시아(소비에트러시아)의 지배 하에 들어가야 성공할 수 있다고 생각하고 있는 것 같은데, 이는 정학계 · 연구계 가담자들이 민국 4~5년에 위안스카이 타도운동을 전개하면서 일본인 앞에 무릎을 꿇은 것과 다를 바 없다.

일본의 메이지유신과 비교해 보자. 사상적으로 일본이 서양으로부터 많은 감화를 받았다는 점은 우리 중국인도 잘 아는 바이며, 프랑스의 자유민권설은 일본의 유신을 고무시켰고 독일의 군국주의적 사상과 제도는 일본의 유신을 완성시켰다. 그러면서도 일본은 무게 중심을 일본에 놓고 있었고, 일본 고유의 정신을 기초로 하여 나라를 건설한 것이다. 파리도 베를린도 일본을 지휘할 수는 없었다. 프랑스와 독일이 일본을 지휘했다면, 일본은 나라가 망하고 일본 민족은 멸망해 버렸을 것이다.

또 하나 러시아 혁명과 비교해 보자. 독일사상은 모든 면에서 러시아에 대단히 중요한 자료를 제공했을 뿐만 아니라 1919년 혁명은 베를린에서 발동된 것이었다. 그렇지만 일단 러시아 혁명이 성공하자, 러시아는 모든 정국을 스스로 장악하였고 혁명당은 혁명의 중심지인 모스크바를 건설했다. 그들은 러시아를 지배하는 것에 그치지 않고 세계를 지배하려고까지 하였다. 다시 말하거니와 베를린은 러시아를 지배할 수 없었다. 러시아에 '부르크'가 붙은 지명은 모두 '그라드'로 바뀌었고, 외국어를 사용하기 좋아하던 나쁜 습관은 러시아어 예찬으로 바뀌었다. 공산주의와 세계주의를 표방하던 러시아 혁명은 이렇게 하여 성취된 것이다.

터키 혁명의 목표는 더욱 명백하다. 그들의 유일한 목표는 외국 열강의 간섭에서 벗어나는 데 있었다. 그러나 위안스카이 타도운동으로부터 지금에 이르기까지 총리 중산 선생과 그의 영도하에 있던 국민 혁명 세력을 제외하면 모든 중국의 정치 세력은 도쿄의 지휘와 지배를 받고 있다. 이러한 현상이 러시아 혁명 후 일변하여 공산당조종시대에 들어가자 일부의 정치 군사 세력은 모스크바의 지휘를 받기에 이르렀다. 이를 인적 계보로 보면, 예전에 도쿄의 지휘를 받았던 사람들이 쉽게 변절하여 모스크바의 지휘를 받는 형태가 되어 버렸다. 참으로 이러한 망국적인 정신상태에 개탄을 금할 길이 없다.

외국인 고문의 예를 들어 보면 이 문제는 더욱 명료해진다. 오늘날같이 교통이 발달된 시대에 새로운 국가를 건설할 경우, 타국의 성과를 받아들이는 것은 당연하다. 그러나 여기서 절대적인 조건으로 삼아야 할 사항은 자기 자신이 주체적으로 외국의 성과를 이용해야 한다는 점이다. 메이지유신의 건설을 보아도 일본인의 지식과 능력이 아닌 외국인 고문에 의해 그 내용이 충실해진 것이다. 군대는 독일인의 훈련을 받았고 군제도 독일인이 제정했으며, 법률 제도는 프랑스의 법률 고문 보아소나드(Gustave Émile Boissonade)[○]에게 의존하였다. 그렇지만 지휘 통제나 운용 및 결정은 일본인 자신의 손으로 행해졌다.

총리는 일찍부터 소위 객경[●]의 등용을 주장했고, 난징(南京) 정부 시절 총리에 있는 한 외국인 고문을 채용하지 않은 적이 없었다. 그러나 베이징 정부를 보면 그렇지 못하다. 베이징 정부 조직 안에 있는 외국인 고문에는 두 종류가 있다. 첫 번째는 외국과의 조약상의 관계로, 이는 객경이라고 하기보다는 오히려 외국에서 파견된 통감이라고 할 수 있다. 두 번째는 정부가 자유 의지로 초빙한 사람으로 장식물에 그칠 뿐, 돌아보기만〔顧〕하고 충고하지는〔問〕 않는다. 전자는 베이징 정부의 나약함을, 그리고 후자는 부패를 증명하는 것이다.

나는 단언하지만, 이후 우리가 혁명을 추진함에 외국인 고문은

○ 보아소나드 : 1825~1910, 프랑스의 법학자. 메이지 6(1873)년 근대 법전 편찬이라는 급선무를 안고 있던 정부의 초빙으로 일본에 건너가 입법 사업, 법학 교육에 기여하며 많은 법률가를 양성했다. 일본의 근대법 정비에 커다란 업적을 남겨 '일본 근대법의 아버지'라고 불린다.

● 객경 : 45쪽의 각주 참조. 여기에서는 외국인 고문을 가리킨다.

절대로 필요하다. 그것도 다수의 고문이 필요하다. 단 우리가 객경을 이용하지 못하고 객경에게 이용당한다면 이는 자살 행위인 것이다. 다시 말해 객경을 이용할 능력이 있는 정부를 만들지 못하거나 능력을 가진 영수가 없는 한, 우리나라의 건설은 불가능한 것이다. 현재 우리 국민당의 일부 동지 중에는 큰 결점이 두 가지 보이는데, 그 하나는 외국인 고문에 맹종하는 것이며 또 하나는 반대로 외국인 고문을 아주 싫어하는 것이다. 전자는 무기력하고 후자는 무능력하다고 평가할 수밖에 없다. 무기력한 사람은 혁명을 수행할 자격이 없으며, 무능력한 자는 혁명을 성공시킬 수 없음은 명백한 사실이다.

민국 5~6년경 도쿄에 있던 다나카 중장과 중국에 있던 아오키 중장을 최근 몇 년 동안 모스크바 정부와 중국에 와 있는 보로딘●에 비교 · 대조해 볼 때, 참으로 깊이 반성하지 않으면 안 될 것이다.

● 보로딘 : 1923년 광둥 국민 정부의 고문으로 소비에트 정부가 파견했다.

21. 오늘의 다나카 대장

다나카 기이치가 언젠가는 수상이 되어 내각을 구성할 것이라는 사실은 10년 전부터 이미 예측해 온 바이다. 다나카 내각의 출현이 조슈 군벌의 마지막 정권이 될 것이라는 사실도 10년 전부터 예측했다. 더욱이 오늘날 같은 시기에 다나카 군부 내각이 출현한 것은(1927년 4월 조각) 일본 정치의 필연적인 결과일 뿐만 아니라, 전 세계의 정세가 참으로 반동적인 경향을 보이는 지금으로서는 필연적인 사태인 것이다. 세계의 정세를 보면 지금 혁명적 조류가 맹렬하게 회오리치고 있으며, 다른 한편에서는 반동 정치가 대두하고 있는 중이다. 영국을 보면 노동당 내각이 붕괴되고 보수당 내각이 성립하였다. 독일에서는 공산당이 퇴조한 후 힌덴부르크가 대통령이 되었으며, 미국에서는 공화당이 정권을 쥐었다. 이탈리아에서는 파시스트인 무솔리니가 정권을 장악하였고, 스페인에서는 리베라 장군이 정권을 장악하였다. "독재 정치야말로 문명국이 취할 수 있는 가장 경제적이고 유효한 방책이다"라는 목소리가 전 유럽에 충만하다. 전에는 의회주자로부터 백안시되던 독재자들이 지금은 일상다반사로 보이게 되었다. 이러한 세계적인 풍조에 일본이 편승하게 된 것은 당연한 일이다.

더욱이 일본의 전 내각°은 명맥이 다했을 뿐만 아니라 그 내각이 취하던 평화 정책과 조화 정책을 이어받을 내각의 성립은 불가능해졌다. 이에 관한 논리와 사실을 간단하게 정리해 보면 다음과 같다.

국제 정세도 국내의 경제 상태도 지금은 모두 긴장 상태가 극에 달해 있다. 이러한 상황 속에서 중국의 정국이 크게 동요하는 한편, 일본의 현존하는 정당의 기반도 흔들리기 시작했다. 또한 내년 총선부터 일본의 유권자 수는 3백만에서 일거에 1천2백만으로 팽창하게 된다. 영국은 중국 혁명에 대하여 압박 정책을 취하여 대거 군대를 파병했으며, 러시아(소비에트러시아)는 몽골의 정권을 장악하고 다시 중국의 혁명을 조종하려 하고 있다. 이러한 상황 하에서 화평 독립의 외교 정책을 강령으로 하는 일본의 전 내각이 대내적 · 대외적으로 지지를 받을 수 없게 된 것은 필연적이

○ 전 내각 : 1926년 1월에서 1927년 4월까지의 제1차 와카쓰키 레이지로(若槻礼次郎) 내각을 이른다. 와카쓰키 레이지로는 관료 출신으로 귀족원 의원과 각료를 거쳐 1926년과 1931년 총리를 지냈다.

다. 이러한 시기에 다나카 기이치가 출현했는데, 그는 과연 무엇을 하려고 하는가. 거기에 대한 확실한 자료를 가지고 있지 않으므로 억측은 피하고 싶지만, 분명한 사실은 그가 무언가를 적극적으로 추진하려고 한다는 것이다. 그 자신의 의지뿐만 아니라 주위의 정황이 그렇게 요구하고 있다.

그의 수법은 과거에 실적도 있으며 선례도 있다. 그의 주변에 있는 사람들은 모두 옛 동료이며 그는 지금 참모 본부에서 떠나 있지만, 여전히 참모 본부는 그의 통솔 아래에 있다. 말하자면 그는 정당의 당수 자리를 차지하고 졸개들을 수하에 거느리는 정객이 된 것이다. 또한 그는 사카니시 도시하치로(坂西利八郎)와 니시하라 가메조(西原龜三) 같은 베이징과 깊은 연계 관계를 가지고 있는 인물들을 거느리게 되었다. 이제 무언가를 할 태세인 것이다. 번벌, 재벌들과 관계를 맺고 있는 몇몇 인사들 사이에 재작년에서 작년에 걸쳐 다음과 같은 대중국 구상이 실행되고 있었다.

"중국의 정치가 어떻게 변하느냐 하는 문제는 일본과 밀접한 관계를 가지고 있다. 만약 중국의 정치가 일본의 지배를 벗어나면 대단히 위험한 상태에 빠지게 된다. 그러나 이제까지의 대베이징 정부 조종 정책은 사실상 실패로 끝났다. 왜 실패했는가. 실제적인 문제로 중국은 통일이 불가능하기 때문이다. 이 통일이 불가능한 국가에서 단지 수도인 베이징의 정치만을 조종함으로써 전국을 지배하려는 것은 무리이다. 오히려 이로 인해 중국 인민으로부터 반감을 사서 반격을 받기 일쑤이다. 지난 21개조의 중일협약은 실패의 좋은 실례인 것이다. 만약 21개조의 요구가 없었다면 일본의 중국에서의 지위가 지금보다 나빠지지는 않았을 것이다. 선불리 21개조의 명분을 살리려다가 오히려 실제 이익을 얻어야 할 곳에서 손해를 입었다. 앞으로의 대중국 정책은 중앙 조종 정책을 과감하게 버리고 다른 방도를 생각해야 한다. 다만 주의하지 않으면 안 될 점은, 중국의 혁명운동이 성공하여 혁명 세력에 의해 통일된다면 일본은 절대 불리해지므로 결코 중국의 혁명 세력을 통일시켜서는 안 된다는 점이다. 현재 중국의 각 세력 중 장쭤린 세력이 중국 내 일본 세력의 기반이다. 그러나 중국이 장쭤린에 의해 통일될 가능성은 희박하다. 그 밖에 영국과 미국의 도움을 받아 중국을 무력으로 통일하려는 우페이푸도 반드시 실패할 것이다. 중국의 세력 중 현재 유력한 세력은 광둥(廣東)의 국민 정부, 창강(長江) 일대의 쑨촨팡, 둥베이(東北)의 장쭤린, 시베이(西北)의 펑위샹이다. 이들 중 국민 정부 세력은 북쪽으로 향하고 펑위샹 세력은 남쪽을 향하고 있는데 이들 두 세력이 창강 일대의 쑨촨팡과 우페이푸 세력을 타도하고 연합한다면, 국민 정부에 의한 통일이 실현되어 결국 장쭤린 세력은 유지할 수 없을 것이다. 이러한 국면을 타개하기 위해 일본은 쑨촨팡을 원조하여 창강 일대를 장악하게 하고 제2의 장쭤린으로 삼아 남북 양 혁명 세력이 연합하는 것을 막아야 한다."

이러한 견해를 가지고 있는 일본인은 매우 많은데, 그중 특히 창강 유역에서 투자 사업 · 기업 · 무역업 등에 종사하고 있는 상인들이 절실히 그렇게 주장하고 있다. 더욱이 국민 혁명군이 북벌을 개시(1926)하여, 우한(武漢)을 평정하고 국민 정부의 수도를 광저우(廣州)에서 북으로 옮기려고 하자, 이러한 논조의 주장이 더욱 고조되었다. 또한 여기에 중국 국내에서도 지조 없는 일부 무리가 일본과 손을 잡으려고 하는 등 이러한 부류의 운동에 찬성하는 자들이 있다는 것도 사실이다.

그들 중에는 첫째로는 공산당이 두려워서, 둘째로는 의지할 곳을 찾아서 쑨촨팡과 일본인 사이를 왔다 갔다 하는 자들이 실로 많았던 것이다. 혁명군이 창강 하류를 석권하기에 이르자, 일본 정부 내에는 이러한 논조의 주장에 호응하여 출병론을 주장하는 사람들이 있었는데, 그들은 말할 필요도 없이 육군파 인사들이었다.

일본 참모 본부로부터 파견되어 중국 각지에 주재하는 무관들은 이전부터 활발하게 움직이고 있었다. 특히 민국 5년 이후 난징과 그 주변 지역에 파견된 무관들의 활동은 대단하였다. 외무성 소속의 영사는 거류민 보호에만 전념할 뿐 주재지의 정치에 별 관심이 없었고, 또한 군계 · 정계 인사들과 그다지 교류하지 않았으므로 정보를 수집하는 능력은 육해군의 사람들이 영사들보다 훨씬 우세하였다.

그러나 국민당 개조● 이후 국민당 간부들은 일본을 경시하는 태도를 취했으며, 각지의 민중들 역시 그 지역의 일본 군정 지도자들과의 교류를 끊었다. 이러한 시기에 국민당의 조직이 점차 확고해지면서 구양원 의원 같은 옛 정객들은 혁명 당원으로 전향한 사람을 제외하고는 더 이상 활약할 수 없게 되었다. 이로써 정보 수집을 위해 일본인들이 그동안 이용했던 정보망 대부분이 단절되어 버렸고, 이에 따라 그후 참모 본부는 중국 문제에 관해서 외무성보다 해결 능력이 떨어지게 되었다. 그 결과 전 내각의 경우 외무성이 참모 본부의 간섭을 받지 않고 대중국 방침을 자주적으로 결정할 수 있었다.

총체적으로 보면, 일본 민간인이 중국에게 바라는 바는 일본 정부의 대중국 방침과 거의 일치하고 있다. 즉 만주에서의 특권 및 직예(直隷), 산둥(山東), 3특구(러허熱河 · 쑤이위안綏遠 · 차하르察哈爾), 푸젠(福建) 등의 특수 지위를 유지하고 일본의 중국에서의 발언권, 그중에서도 경제적 지배권을 유지하고자 하는 데 있

● 국민당 개조 : 국민당은 1924년 제1기 전국대표자대회(제1차 국공합작)에서 연소, 용공, 부조농공의 3대 정책을 채용하며 소련 공산당을 모델로 당 조직의 개조를 실시했다.

었다. 이러한 기본 정책에서는 현재 일본의 정치인 전부가 일치하고 있으며, 외무성도 참모 본부도 근본적인 차이는 없다.

그러나 국제 관계에 대한 인식의 차가 있기 때문에 그들이 취하는 수단과 견지하는 태도에서는 큰 차이가 있다. 특히 근래에 들어와서 일본의 대중국 정책에 변화가 생긴 것처럼 보인다. 종래 일본의 외교계에 속하는 사람들은 거의가 영국 숭배자여서 영국의 정책을 잘 따르고 있었다. 그들은 대중국 방침에 있어서도 오직 일본의 특수 이익, 특수 권력을 주장하면서도 매사에 영국의 비위를 살폈다. 이러한 경향은 가토 다카아키(加藤高明)가 외무대신과 총리이던 시절•에 가장 강했다.

본래 가토는 가쓰라 공작을 추종하던 인물인데, 그는 단지 가쓰라의 친영(親英)의 측면만 알았지 배영적(排英的)인 측면을 알지 못했다. 가쓰라의 사후, 그는 10년간 헌정당의 영수를 지내면서 가쓰라가 이미 끝이라고 생각했던 영일동맹을 여전히 금과옥조로 신봉하고 있었다. 그리하여 일본은 세계대전 중에 적극적으로든 소극적으로든 영국에 협력했으나, 전후 영국으로부터 어떤 감사의 말도 듣지 못했다. 그래서 영일동맹의 기간이 만료되자 일

• 가토~시절 : 가토 다카아키(1860~1926)는 미쓰비시의 사원에서 관료를 거쳐 외무대신(1914년 4월~1915년 8월)과 총리(1924년 6월~1926년 1월)를 지냈다.

본에서는 정부와 민간 모두 어떻게 해서든 동맹의 연장을 원했지만, 영국은 이를 휴지 조각처럼 파기해 버렸다. 이 일이 있은 후에야 일본의 외교 관계자들은 비로소 영국에 대하여 종전과 같은 공손함을 버리게 되었다.

여기에는 양국의 대중국 관계가 얽혀 있었다. 지난 몇 년간 중국에서 극도로 고조되었던 반일의 열기가 반영의 방향으로 바뀌었던 것이다. 동일 공간에 두 개의 물건이 공존하지 못하는 이치에서인지 반영운동이 활발해지면서 반일의 열기는 식었다. 여기서 그간 중국인의 심적 변화에 대해 주의를 게을리 했던 외교계 사람들은 이러한 정세를 간파하고, 이 현상이야말로 중국 민간에 반일 풍조를 없애는 좋은 기회라고 생각하여 영국 추종 태도에서 결연하게 방향 전환을 했던 것이다. 계속해서 영국을 추종한다면 일본에 이익이 되지 않을 뿐만 아니라 오히려 그 뒤치다꺼리의 역할을 하기 일쑤라고 생각했기 때문이다.

그러나 육해군계, 특히 육군계는 대중국 방침의 근저에 일관되게 진취적 국방 계획인 소위 '전갈형 정책'을 채택하고 있었고 모든 방법은 이를 기초로 하여 세워졌다. 그들은 국제 정세는 고려치 않고 무턱대고 그 정책을 수행하려고 했기에 외무성 관련자들과 같이 영국을 숭배하는 태도를 취하지는 않았다. 하지만 요즘 2~3년 이래 육군 참모 본부에서는 영일협조론이 널리 확산되기 시작하였다. 그들은 중국 혁명운동의 진전은 일본에게 절대 불리하다고 하면서도 중국의 남방을 일본 혼자 장악할 힘은 없다고 생각했다. 따라서 중국의 혁명 세력을 제압하기 위해서는 '북은 일본, 남은 영국, 중부는 협조'라는 정책, 즉 남방은 영국에게 맡기고 북방은 일본이 맡고 중부는 영국과 일본 양국이 협동하여 공동 행동을 취해야 한다고 생각했다. 금년(1927) 영국이 상하이에 출병했을 때에도 육군은 출병을 적극 주장했으나, 전 내각은 이에 동의하지 않았다. 또한 난징 문제●가 발생했을 때 출병론은 다시 고조되었으나 외무성은 역시 신중한 태도를 취했다. 그후 내각이 교체●되어 즉시 산둥 출병이 실현된 것이다 .

산둥 출병에 대한 일본 측의 이유는 단지 일본 거류민의 보호라고 했으나 사실은 그렇지 않다. 혁명군이 장쑤(江蘇)를 점령하고 북쪽으로 진격을 계속한 결과 일본의 지원을 받던 쑨촨팡의 세력은 전멸에 가까운 타격을 입었고 장쭝창(張宗昌)○도 거의 전투력을 잃었기 때문에, 혁명군이 여세를 몰아 북진한다면 산둥은

● 난징 문제 : 1927년 3월, 중국의 국민 혁명군이 난징을 점령했을 때 외국 열강들의 영사관에 침입한 사건을 말한다.

● 내각이 교체 : 와카쓰키 레이지로 내각에서 다카나 기이치 내각으로 교체된 것을 말한다.

○ 장쭝창 : 1881～1932, 중국의 군벌. 산둥성의 성장을 지냈고, 1928년 북벌군에 패했으며 일본에서 망명 생활을 하기도 했다.

쉽게 평정될 처지에 놓여 있었다. 전갈형 정책을 취하고 있던 육군성과 참모 본부는 이러한 혁명군의 진격세에 놀라 궈쑹링(郭松齡)● 군 사건의 전철을 밟지 않으려고 쑨군을 도우려 출병하지 않을 수 없었던 것이다. 따라서 그 병력은 비록 적으나 의미하는 바는 대단히 컸다. 전투력을 잃고 강북으로 패주했을 때의 쑨촨팡군은 불과 2만 명이 되지 않았는데, 그후 몇 달 되지 않아 7만 명 이상으로 불어났으며 다시 창강으로 남하한 병력이 4만을 넘었다는 사실은 이를 증명하는 것이다. 난징에 정변이 발생하여 쑨촨팡군이 반격으로 돌아서자, 일본은 돌연 철군을 선언했다. 난징 문제로 혁명군은 이제 재차 북상하여 지난(濟南)을 공격할 능력이 없다고 판단했기 때문이다.

잠시 여기서 전갈형 정책이란 무엇인가에 대해 조금 더 설명해야 할 필요가 있겠다. 전갈의 무기가 두 개의 집게와 하나의 꼬리인 것은 누구나 알고 있다. 일본이 대륙 침략을 결정했을 때 군사적 관점에서 착안한 것은, 하나는 남방의 해안선이고 다른 하나는

● 궈쑹링 : 1886~1925, 중군의 군인. 한때 장쭤린의 아들 장쉐량의 교육을 맡기도 했다. 1924년 장쭤린의 펑톈군이 펑위샹군과 대립하자, 펑위샹의 국민군과 결탁하여 오히려 장쭤린의 하야를 요구했다. 장쭤린을 지지하고 있던 일본군이 궈쑹링군의 움직임을 견제함으로써 세력을 회복한 장쭤린군에 패퇴하여 총살당했다.

북방의 각 지역이었다. 그들은 발해만 확보를 제일의 급선무로 생각했는데 발해만 제압을 위해서는 랴우둥(遼東) 반도와 산둥 반도가 중요한 거점이었다. 청일전쟁 후 일본은 남방으로 진출하여 전갈의 꼬리에 해당하는 대만을 점령한 뒤 중국의 남부 및 해안 지대를 제압하는 근거지로 삼고, 그 바탕 위에서 랴우둥 반도를 점령하려고 했으나 3국 간섭으로 양보할 수밖에 없었다. 그후 독일이 자오저우만(膠州灣 : 산둥성 · 칭다오靑島 일대)을 수중에 넣고 러시아가 뤼순(旅順)과 다롄을 조차함으로써 이 거대한 전갈의 두 집게는 독일과 러시아라는 유럽의 강국에게 점령되었다. 그러나 러일전쟁 후 랴우둥 반도를 빼앗고 다시 세계대전 후 칭다오를 빼앗아 전갈형 정책은 형식적으로는 완성되었으나, 이것을 유지할 수 있을지 또는 어떻게 유지할지 등이 현재 일본 군인들이 가장 부심하고 있는 문제이다.

다나카 대장은 정치를 좋아하는 인물이며 세간에 '군인 책사'로 명성이 높다. 그도 가쓰라와 마찬가지로 정치 활동을 계속하기 위해서는 자신의 정당을 가질 필요가 있다고 생각했다. 때마침 정우회(政友會)의 통솔자가 없었으므로 정권에 집착하고 있던 정객들의 추대에 의해서 정우회 총재가 되었다. 하지만 일부의 민주주의적 기풍이 강한 무리들로부터 강한 반대를 받아 정우회는 분열 상태가 계속되었고, 이로 인하여 20여 년에 걸쳐 유지해 온

제1당의 지위를 잃고 제2당 · 제3당으로 전락했다. 정우회 본당의 당수인 도코나미 다케지로(床次竹二郎)° 는 다음과 같이 말했다.

"다나카는 인물 됨됨이나 정책은 차치하고라도 그의 경력과 주변 여건이 헌법 하에서의 정치가로서는 부적합하다. 나는 영구히 소수당으로 남을망정 그와 손을 잡지 않겠다."

이는 정우회 의원 대부분의 생각이기도 했다.

그렇다면 다나카는 왜 정당에 들어왔는가. 그는 정당에 들어오고 나서 어떤 행동을 취했는가. 들리는 바로는 그들 군국주의자들은 '범인회(凡人會)'라는 수양 단체를 조직했다고 한다. 그런 이름을 붙인 이유는, 그들은 스스로를 비범하다고 자임하고 세상 사람들을 모두 범인으로 보아 왔던 과거에 대한 반성의 의미라고 한다. 이 단체의 회원은 많지 않았으며 대승불교가 중심사상이라고 하는데, 회원의 사상적 색깔을 보면 대개는 신도 신자로 불교의 교의와는 거리가 멀다. 이미 기술한 바와 같이 일본의 불교사상은 인도의 불교나 중국의 불교와 다르다. 일본의 불교는 왕권시대의 공가제도(公家制度)와 봉건시대의 무가제도(武家制度)에서 큰 영향을 받았으며, 신권적 민족사상과 융합된 결과 완전히 변형

○ 도코나미 다케지로 : 1866~1935, 메이지 · 다이쇼 · 쇼와 시기의 관료이자 정치가.

된 것이다. 메이지 이후, 신불분리(神佛分離)라는 제도상의 큰 변혁을 거쳤음에도 불구하고 민간의 사상은 여전히 신불혼합이었다. 범인회의 회원 대부분은 불교를 수단〔用〕으로 하고 신권을 목적〔體〕으로 하는 민족신권주의자라고 해도 좋을 것이다. 회원은 대개 조슈 번벌계의 군국주의자들이며, 그중에서도 북진론자들이 많았다. 다나카도 그중의 한 사람이다.

그들은 선종에서 말하는 기봉(機鋒)을 중히 여긴다. 어느 날 한 친구가 다나카 대장에게 "검을 버리고 염주를 잡아라"라고 말했다고 한다. 다나카는 이 기봉에서 자극을 받아 정당 생활에 뛰어들 결심을 했는데, 이런 말을 했다고 한다.

"군인이 된 이후 나는 두 차례의 대전쟁을 경험했는데 모두 죽음을 면했다. 정우회라는 정당은 영수에게 불길한 정당이다. 전에 호시 도루(星亨)가 칼에 찔려 죽임을 당했고(1901), 최근에는 하라(原敬) 수상이 흉기를 맞고 쓰러졌다(1921). 나머지 여생은 전장에서 쓰다 남은 목숨이라고 생각하고 나는 이 불길한 정당을 택하여 총재가 된 것이다."

이렇게 보면 다나카가 정당에 들어온 것은 보통의 정객과는 전혀 다르다. 그는 단지 정권에 집착하여 성공을 바란 것이 아니라 마치 속세를 간파하고 생사를 초월한 것처럼 보인다. 그리하여 그는 사능립(似能立), 사능파(似能破)의 주장과 사현량(似現量), 사비량(似比量)의 관념●으로 이 위기사복(危機四伏), 일촉즉발의 동방 군국의 정권을 담당하여 전 세계의 혁명과 반동의 양대 조류가 격동하는 시기에 출동을 시작한 것이다. 과연 그의 장래, 동양의 장래 그리고 세계의 장래는 어떻게 될 것인가.

뉴욕과 워싱턴은 서반구의 두 중심이며, 런던 · 파리 · 베를린 · 로마는 유럽 정치의 네 중심이며, 모스크바와 도쿄는 아시아 정치의 두 중심이다. 앙카라는 아시아의 또 하나의 중심이 되려고 노력하고 있는데 그 장래 여하는 터키뿐만 아니라 전 세계의 회교도 민족에게 큰 영향을 줄 것이다.

그러나 중국은 하나의 세계 중심은커녕 한 나라의 중심지조차 만들지 못하고 있다. 지금 전 세계는 커다란 전투를 준비하고 있다. 이 전투의 주요 쟁점은 12억 5천만의 피압박 민족이 자신의 손으로 정치의 중심을 만들어 낼 수 있을까 하는 것에 있다. 4억 5천만의 인구를 가진 중국은 이러한 쟁점의 중심에 서 있다. 그렇지만 중국은 문제의 중심이 될 뿐 힘의 중심이 되지 못하고 있다. 그리

● 사능립~관념 : 사능립, 사능파, 사현량, 사비량은 모두 인명(因明, 불교논리학)의 용어이다. 능립, 능파, 현량, 비량, 사능립, 사능파, 사현량, 사비량을 팔문이라고 한다. 능립과 능파는 각각 바른 논리를 세워 상대의 논리를 깨뜨리는 것이다. 그에 대해 무리한 논리를 세우는 것을 사능립, 사능파라고 한다. 또한 현량은 직접적인 인식, 비량은 연역적인 인식이다. 사현량, 사비량은 각각에 대한 잘못된 인식 방법을 말한다.

하여 주위의 중심력(中心力)이 다투어 중국을 끌어들이려고 한다.

스스로의 지배력을 잃은 중국 민족은 다른 나라로부터 힘이 가해지면 곧 끌려가게 된다. 그 힘이 강하면 강할수록 점점 급속하게 그리고 대규모로 끌려간다. 중국을 끌어들이려고 하는 중심력은 당연히 서로 충돌하게 되는데, 흡인력이 강할수록 충돌도 커진다. 영국은 중국을 압박하는 최대의 세력인 동시에 중국을 빨아들이는 최대의 세력이다. 태평천국 전쟁 후, 중국인의 정신은 완전히 영국 세력에 흡수되어 압박을 받고 있다는 감각마저 잃어버리고 말았다. 양쯔강에서 남방 일대에는 영국을 숭배하고 영국을 맹신하는 기풍이 넘치고 있다. 북방 지역은 완전히 흡수되지 않고 남아 있기는 하지만, 야만적인 저항력이 의화단이라는 형태로 나타났고 의화단의 패배 후에는 저항성마저 뿌리째 뽑혀 버렸다. 민국 14년●을 맞이할 때까지 전 중국의 인심은 영국에 쏠려 미동도 하지 않았다고 할 수 있다.

요즈음 수년간 국민혁명운동이 삼민주의의 지도와 총리의 20여 년간에 걸친 항영의 노력에 의해 태풍처럼 일어나, 전국의 민심이 눈을 뜨게 되었고 국민 전부가 배영을 하는 양상을 보였다. 그리하여 영국의 압박은 이미 흡인력을 상실하였다. 그러나 영국

● 민국 14년 : 영국배척운동인 5 · 30사건이 일어난 1925년.

외에 여전히 큰 압력을 가하면서 흡인력을 발휘하고 있는 세력이 두 개 있다. 그것은 모스크바 세력과 도쿄 세력이다.

청일전쟁 후, 특히 러일전쟁에서 민국 초기까지는 도쿄의 흡인력이 최고에 달했던 시기이다. 전 중국의 청년은 일본의 메이지유신 성공에 매료되어 일본에게 배우려고 도쿄로 향했다. 일본 유학은 하나의 유행이 되었고, 일본에서 귀국하면 별 어려움 없이 지위와 금전이 보장되었다. 이렇게 되자 이제는 유신보다는 돈과 지위에 끌려 누구나 도쿄에 가고 싶어하게 되었다. 최고 번성기에는 도쿄에만 유학생이 3만여 명에 달했다. 속성 법정과 · 속성 경찰과 · 속성 사범과 · 속성 육군 과정 등 뭐든지 다 속성이었고, 이것이 출세의 지름길로서 도쿄에 가기만 하면 돈과 지위를 손에 넣는 기술을 쉽게 습득할 수 있었던 것이다.

그러나 세계대전 후 그러한 분위기는 일변하였다. 5년에 걸친 전쟁이 중국 청년으로 하여금 눈뜨게 하여 현상의 타파, 환경의 타파를 위해 노력해야 한다고 생각하게 만들었다. 그리하여 오이켄(Rudolf Eucken)의 신이상주의, 니체의 초인주의, 제임스(William James)의 실용주의, 베르그송(Henri Bergson)의 창조적 진화, 크로포트킨(Pyotr Alekseevich Kropotkin)의 상호부조론, 베른하르디(Friedrich von Bernhardi)의 전투적 생활 등에 관한 책들이 크게 유행되어 읽혔다. 하지만 중국의 문제는 어느 하나도 해결되지 못했다. 이때

홀연히 러시아의 노농 혁명(프롤레타리아 혁명)이 발발하여 성공하자 그 웅대한 전투력, 정밀한 조직력, 광대한 선전력 그리고 풍부한 금전력은 중국의 청년들을 매혹하고 그들로 하여금 그동안 자국 문제의 해결에 열쇠가 되지 못했던 모든 주의를 일제히 버리고 마르크시즘으로 향하고 레닌에게 달려가게 했다.

네르친스크조약 이래의 러시아의 동진 정책에 대한 비판 정신은 흔적도 없이 사라지고, 러시아의 야만 전제주의를 경멸하던 사상은 일변하여 혁명 성공을 숭배하는 사상이 되었고, 압박에 반항하는 심리는 원조를 받아들이는 심리로 변하여 모스크바로 가자고 외치는 소리가 도시에 넘쳐 났다. 이들이 러시아에서 돌아오자 국내는 완전히 좌경화되었고, 이들 속성 혁명가들은 절호의 지위와 명예와 금전을 함께 얻을 수 있었다. 이렇게 되자, 혁명보다 지위와 금전의 매력에 빠져 누구나 모스크바에 다녀오게 되어 속성 혁명 정치가, 속성 혁명 이론가, 속성 혁명 군인 등의 무리가 동네에 넘쳐 났다.

일단 러시아에 가기만 하면 지위, 명성, 금전을 획득하는 방법을 배울 수가 있다는 유행병은 15년 전 도쿄로 향하던 심리와 같은 것이다. 민족적 자신감을 잃은 중국 청년이야말로 참으로 슬프기 그지없는 존재가 아니겠는가. 그들은 그후 엄한 징벌을 받았는데 현재에도 상처는 아물지 않았으며, 미신의 뿌리는 아직 완전히 제거되지 않았다.

이상의 정세에 따라 일본과 러시아라는 중국을 압박하는 두 세력은 모두 흡인 세력이 되었다는 것을 알 수 있다. 이 흡인 세력에 흡수당했던 사람은 대부분 마치 악마에 홀린 듯이 날뛰었다. 그러나 일본에 빨려들어 갔던 사람은 그 병의 뿌리가 그다지 깊지 않았다. 이는 중국인에게 중국은 일본에 비하면 문화 선진국이라는 역사적 자부심이 있기 때문인데, 러시아에 대해서는 그렇지 못하다. 지금 이 두 개의 큰 압박 세력은 그 힘을 발휘하고 있으며, 이러한 일종의 '압박적인 흡인'은 동방에서의 세계대전을 잉태하게 될 것이다. 옛말에 이르기를 '상대방은 칼과 도마이고 우리는 도마 위의 물고기와 고깃덩이'○라고 하고 또 "내가 세상을 조종하면 살아남고 타인에게 조종당하면 망한다"라고도 했다. 중국 국민은 결국 자기 자신의 장래에 대해서, 세계를 파멸로 이끌려고 하는 전쟁에 대해서 무슨 준비를 하고 있는 것인가.

최근 30년간 도쿄가 동방 정치의 중심으로서의 지위를 차지해

○ '상대방은~고깃덩이' : 『사기(史記)』「항우본기(項羽本紀)」에 나오는 말로, 다른 사람의 손에 죽게 될 위태로운 상황에 처해 있음을 비유하고 있다. 이는 번쾌가 유방에게, "지금 상대방은 칼과 도마이고 우리는 도마 위의 물고기와 고깃덩이인데, 무슨 예를 갖추겠습니까(如今人方爲刀俎, 我爲魚肉, 何辭爲)?" 라고 한 데에서 인용한 것이다.

왔음은 누구도 부정하지 못한다. 그러나 일본의 역량은 아직 전 유럽 세력, 특히 영국의 정치적 흡인력 아래 있는데 가토 내각의 수년간은 이러한 경향이 현저했다. 하지만 일본은 자신의 통일 역량은 이미 확고하여 중국에 대한 압박에는 흡인력을 발휘하고 있다. 최근 10여 년간 중국의 정치 변동은 모두 도쿄의 조치에 따라 영향을 받고 있다. 최근 70년 동방의 역사 전반은 일본의 러시아에 대한 와신상담의 생존 투쟁사이고, 후반은 러 · 일 양국의 중국에서의 패권 경쟁 싸움이었다. 그리고 세계대전 후에는 다시 양국의 신패권경쟁시대에 들어섰다. 일본에 붙을까, 러시아에 붙을까 하는 것이 중국인의 오기조차 없는 심리이다. 이래서는 스스로 멸망을 초래하게 마련이다.

이러한 정세 아래서 도쿄의 정권은 군국주의자인 다나카 대장이 장악하였다. 그는 총리의 자리에 오르자 곧바로 영국의 상하이 정책을 답습하여 산둥에 출병하였다. 이어 중국 주재 외교관과 육군을 소집하여 회의를 열고 만몽에 대한 적극적인 정책을 결정했다. 육군대장 겸 내각총리 겸 외무대신인 다나카 기이치, 그는 아마도 제2의 세르비아 청년•이 될 것이다.

• 세르비아 청년 : 오스트리아의 황태자를 암살한 세르비아인을 가리키는데, 이 암살 사건이 제1차 세계대전 발발의 발단이 되었다.

22. 신앙의 진실성

앞의 여러 장에서 다룬 주제가 주제인 만큼 이야기가 정치 면에 치우쳐 있어 일본의 사회 상황에 관하여는 별로 언급하지 못했다. 이제는 시점을 바꾸어 일본의 사회 심리에 대해 살펴보고자 한다.

몇 년 전 상하이의 민권출판사(民權出版社)에서 『유동외사(留東外史)』라는 책이 간행되었다. 이 책은 중국인 유학생과 중국인 망명객의 도쿄 생활을 묘사한 것으로, 물론 일본의 사회에 대해서도 부분적으로는 언급되어 있었다. 당시로서는 이러한 종류의 책이 일본 사회 관찰로서 일반적인 것이라고 말할 수 있다. 그런데 내가 보는 바로는 중국에는 일본 사회에 대해 잘못된 관찰이나 판단이 대단히 널리 행해지고 있다. 이 『유동외사』의 저자 역시 일본 사회의 극히 일부분, 그것도 어두운 면만을 그리고 있으며 지극히 표면적이고 잘못된 부분이 많았다. 더욱이 그는 일본 사회

자체가 아니라 '중국인이 보는 일본 사회'라는 측면을 서술 목적으로 하고 있기 때문에 여기서 비평할 필요까지는 없을 것이다. 다만 중국인의 일본 사회에 대한 연구가 얼마나 부족한가를 알게 된다면 그것으로 족하다.

이 책의 첫 몇 장에서 나는 신권 미신과 불교 문제에 관해 언급했다. 그를 통해 일본 국민이 얼마나 열심히 그리고 진지하게 신앙을 견지하고 있는가를 이해했으리라고 생각한다. 사람의 생활은 이지(理智)만으로 이루어지지 않는다. 만약 이지만으로 살아간다면 인생은 해부실의 시체와 같을 뿐 생존의 의의를 잃어버리게 될 것이다. 하물며 이것이 한 국민 또는 한 민족의 생활이라면 더더욱 그럴 것이다. 민족의 결합은 이지가 아니라 일종의 의식의 힘에 의해 행해진다.

본래 이러한 의식의 힘은 각종 객관적 사실에 근거를 두고 있다. 그렇지만 의식의 힘이 주관적인 의식으로까지 변하지 않는 한, 객관적 사실을 관찰하고 판단하는 것만으로 동적인 힘이 생성되지 않는다. 만약 "나의 생을 돌아본다" 또는 "그의 생을 조망해 본다"라는 관념이 자강불식○의 정신에까지 이르지 못한다면, '사방을 돌아보는 것'도 '백성을 살피는 것'도 '가르침을 베푸는

○ 자강불식 : 120쪽 천행건의 각주 참조.

것'●도 생기지 않을 것이며 설령 생겨난다 해도 얼마 가지 못할 것이다. 이지는 기껏해야 관조하는 것이지 행하는 것은 아니며, 이지의 세계는 정적인 것이지 동적인 것은 아니기 때문이다. 본래 모든 감정적 의식이나 활동적 의식은 일단 이지에 의한 도야를 거치지 않는다면 그 감정은 순화되지 못한다. 따라서 감정이 순화되지 못하면 물적인 본능 작용에 머물러 문명적 작용이 되지 못한다.

따라서 감정이 결여된 인간은 절대로 이지를 창조할 수 없으며, 감정이 결여된 사회는 생활의 단결을 이룩할 수 없다. 한 개인이나 한 사회의 창조와 진화는 모두 이러한 순화된 감정의 힘에 의해 추진되고 조직되며 조화되는 것이다. 그 정도와 방향에는 차이가 있지만 작용 자체는 변하지 않는다.

신앙 생활, 이것이야말로 개인과 사회의 진보와 단결에서 최대의 기능을 발휘하는 것이다. 주의가 곧 '신앙'이라는 총리의 말씀은 냉정한 이지가 열렬한 감정으로 전화하지 않는 한 힘으로 변화될 수 없음을 단적으로 지적한 것이다.

어떤 관점에서 보더라도 일본인의 민족 의식이 선명하다는 점

● '사방을~것' : 이는 『역경』의 "사방을 순행하여 백성을 살피고 교화를 베푼다(省方觀民設教)"를 인용한 말이다.

은 의심할 여지가 없다. 그들이 보이는 '일본 몰입' 정신이야말로 이러한 선명한 민족 의식이 극도에 달했을 때 나타나는 무의식적인 작용인 것이다. 작열하는 물체에 손가락이 닿으면 순간적으로 얼음과도 같은 차가움을 느낀다든가 총탄을 몸에 맞으면 순간적으로 아픔을 느끼지 못하는 것은 그와 같은 이치이다. 그 때문에 우리는 일본인의 열렬하고 진지한 신앙 생활로부터 그 민족이 생기발랄하고 부단한 향상과 발전 도상에 있게 되었음을 알 수 있다.

인생이란 계산 가능한 것일까. 만약 계산이 불가능하다면 과학은 불필요해진다. 반대로 인생이 전부 계산 가능하다면 고래로 그 계산은 한 번도 맞은 적이 없다는 이야기가 된다. 공간은 무한한 것이며, 시간 또한 무한한 것이다. 어떤 고고학자도 지구가 태어나기 전의 역사를 정확히 알 수는 없으며, 어떤 철학자도 인류의 멸망 시기를 예측할 수는 없다. 또한 어떤 천문학자도 현재의 관측 기계의 능력을 넘어서 무한한 우주를 측정할 수는 없다. 사람은 생존을 원한다. 그러므로 전쟁은 살인인 것이다. 그러므로 전투의 수행에는 명령에 의한 강제가 불가결하다. 어떤 군인이 말하기를 "통일된 명령 없이는 누구도 목숨을 걸지 않는다"라고 했다. 나는 이에 반박하고 싶다. "누구도 명령에 따르지 않는다면 아무리 통일된 명령이라도 효과가 없다"라고. 이들 상호간에 어떠한 신앙이 존재하지 않는다면, 명령하는 입장의 지휘관부터 몰래 도망갈지 모르며 명령 받는 병사들은 더욱 혼란스러울 것이다.

『양주십일기(揚州十日記)』○를 읽어 보면 알 수 있듯이 단 5백 명의 만주 병사로는 양주의 전 주민을 도살시킬 수 없었을 터이다. 『도화선(桃花扇)』○을 읽어 보면 알 수 있는 바와 같이, 사진(四鎭)의 병사들이 봉기했을 때 신앙을 잃은 명령은 찢어진 종이 조각이나 다름없는 것이었다. 그렇다고 전혀 계산이 필요하지 않은 것은 아니다. 의화단을 예로 들 수 있다. 총알을 맞아도 죽지 않는다는 미신만으로 총탄을 막아 낼 수 없는 것이다. 다시 말해 계산이란 살아남기 위한 방법에 지나지 않으며, 계산에 의하지 않는 것이 삶의 의미이다. '미(謎)'란 이지가 없는 의식이며, '신(信)'이야말로 순화된 감정의 참된 힘이다. 우리가 인생을 '힘'의 작용이라고 본다면 신앙이야말로 생활 속에서 가장 필요한 조건이라는 것을 알 수 있다. 자강불식은 자신감이 작동하는 과정이며, 후덕

○ 『양주십일기』: 명나라가 멸망한 다음 해 만주 병사들이 양주성을 함락하고 한인 평민을 학살한 처참한 광경을 기록한 책으로, 청나라 말 혁명가들의 애독서가 되었다.

○ 『도화선』: 공상임이 명나라 멸망을 배경으로 쓴 희곡. 왕족과 대신들까지 베껴 쓸 정도로 인기를 누렸는데 그 내용에 명나라에 대한 그리움이 짙게 배어 있어 청나라 정부는 공상임을 관직에서 내쫓았다.

재물(厚德載物)○은 자신감이 작동한 결과이다. 신앙이 있음으로써 인간은 영원히 살 수 있다. 신앙이 있어야 사람은 집단을 조직할 수 있다. 인간이란 끝없는 사멸 가운데 삶을 계속하고 있는 것이다. 만약 모든 인간이 오로지 계산적으로만 산다면 죽음 한가운데에서 생을 구하는 힘이 과연 나올 수 있을 것인가.

종교는 신앙의 한 가지 표현이기는 하나, 그렇다고 신앙이 반드시 종교 속에 존재하는 것은 아니다. 이것은 오늘날 신앙을 설명할 때, 반드시 받아들여야 하는 상식이다. 많은 학자가 신앙의 심리를 설명할 때 '종교성'이라는 용어를 사용하는데, 이는 종교의 타락기나 혁명기에는 적절했을 것이다. 예를 들어 오늘날 러시아는 이미 공산당 천하가 되었지만, 그 공산당은 종교에 대한 반대를 당론으로 하고 있다. 그러나 모스크바에 갔다 온 사람이면 누구나 모스크바 사람들은 아직도 열렬한 신앙 속에서 살아가고 있으며, 신앙의 독실함과 혁명의 전망은 서로 모순되지 않는다고 말하고 있다. 그것의 시비 · 선악이야 어떠하든 러시아 볼셰비키 혁명은 성공한 것이다.

중국의 청년들은 반종교적인 혁명이 성공했다는 점에 심취되

○ 후덕재물 : 『주역』의 "地勢坤 君子以 厚德載物(넓은 땅에 두텁게 흙이 쌓여 있듯이 군자는 자신의 덕을 깊고 넓게 쌓아 만물을 이끌어 나가라)"에서 인용한 것으로, 후덕재물은 덕을 쌓아 만물을 이끌어 나가라는 뜻이다.

어 오히려 그것이 '반종교라는 종교의 힘'의 성공, 그리고 '신앙에 의한 성공'이라는 점을 간과하고 있다. 실은 이와 같이 열렬한 신앙적 국민이었기 때문에 비로소 이와 같은 열렬한 반종교적 혁명을 만들어 낼 수 있었던 것이다. 그러한 혁명의 성공은 무엇을 의미하는가. 한편으로는 공산주의 원칙에 반대하는 신경제 정책이 있으며, 다른 한편으로는 신앙의 자유를 존중하는 정책이 있다. 일요일에 교회당에 모인 경건하고 열렬한 민중과 매일 도시와 촌락을 진동하는 종소리는 분명 러시아 민중의 '소비에트 건국을 가능케 한 영원한 생존력'의 표현이 아니고 무엇이겠는가.

중국은 어떠한가. 어느 한 서낭당의 상좌에 무당이 앉아 향과 촛불을 피우고 그 아래에는 절을 하는 수천 수백의 남녀가 있다. 그들은 무엇을 믿고 있을까. 그들 중 어떤 사람은 어두운 밤, 남의 재물을 훔치는 도적도 있을 수 있다. 그는 기도하며 말한다. "신이여, 처벌받지 않게 도와주소서. 다음 달 15일 수탉을 바쳐 당신께 감사드리겠습니다"라고. 그런데 옆에는 마침 그에게 물건을 도둑맞은 사람이 있다. 그는 "신이여! 제 물건을 훔친 도둑을 잡아 잃어버린 물건을 돌려받을 수 있게 도와주소서. 그러면 돼지를 당신께 바쳐 감사드리겠습니다"라고 기도한다. 이렇게 타산적인 국민에게 무슨 신앙이 있겠는가. 이는 '미(迷)'가 극에 달한 어리석은 자들의 모임이며, 미래가 없는 약자의 극단적인 반생반사인

(半生半死人)의 집합에 불과한 것이다.

이와 같이 미신을 믿으면서 신앙에 반대하는 것은 중국인의 큰 잘못이다. 신앙이란 타산적이지 않은 것 또는 타산이 가능하지 않은 것이며, 한 번이라도 타산이 있었다면 그것은 이미 신앙이 아닌 것이다. 가령 한 민족이 격렬한 생존 경쟁의 와중에 이와 같은 타산에 몰입되어 있다면 그 민족은 어떻게 될까. 스스로 생명을 포기하여 자기가 탄 배를 침몰시켜 적의 군항(軍港)을 봉쇄하는 일, 일체의 소득을 포기하고 목전에 아주 작은 소득도 없는 순수 학문을 연구하는 일, 자기의 재산을 털어 사회와 국가의 위난을 구제하는 일을 행하는 사람이 전혀 나오지 않을 것이다. "우물에 빠진 사람은 구할 수 없다"라는 자포자기적인 생각이 중국인의 일반적인 관념이다. 그러나 우물에 빠진 사람을 구하려는 결심이 없다면 그보다 훨씬 쉬운 일조차 할 수 없다. "물에 빠졌을 때는 생명이 소중하다고 하고 육지에 올라오면 재산이 소중하다"라는 식의 타산적 민족은 어디에서 분투 정신을 얻을 수 있겠는가. 또한 어찌 영원한 역사를 창조할 수 있겠는가. 결국 사상도 행동도 모두 애매한 상태에 빠지고 마는 것이다. 마음으로는 공산당을 생각하고, 입으로는 국민 혁명을 부르짖고, 실제로는 개인주의적인 생활을 보내는 이러한 모순된 허위의 생활이야말로 타산에서 생기는 오류인 것이다.

세계는 일체의 모두가 진실된 것이다. 만약 진실한 노력이 없다면 창조는 물론이고 모방조차 불가능하다. 지금의 중국은 어떠한가. 아무리 좋은 이론이나 제도라도 일단 중국에 들어오기만 하면 전혀 다른 것으로 변해 버리지 않는가. 통신 매체가 전하는 각 파의 주장, 신문에 실린 각종 비평, 대중이 주장하는 슬로건, 어느 하나 당당하지 않은 것이 없다. 그러나 실정은 어떤가. 왕량초우(王亮疇)○는 이를 빗대어 "중국인의 일은 나쁜 쪽으로 생각하면 틀림없이 맞는다"라고 비아냥댔다. 이는 실로 중국인의 망국 근성을 비판한 것이리라.

내가 보는 견지로는, 일본인의 신앙 생활이 확실히 중국인의 신앙 생활보다 훨씬 순수하며 비교적 순결하고 적극적이며 타산적이지 않다. 그들의 희생정신은 이러한 신앙 생활로부터 얻어진 것이다. 종교에 관해서 보더라도 어느 종교든 그들의 교리와 조직은 중국인에 비해 합리적이다. 대다수의 신자들은 중국인처럼 자기의 이익을 계산하여 신을 섬기는 것이 아니라 자기의 육신까지 바칠 각오로 절대적 관념을 지니고 있다. 또한 그들은 우주와 인생에 대해 소위 '영구(永久)'와 '일체(一切)'의 관념을 가진다. 그들

○ 왕량초우 : 1881~1958, 량초우는 자이며 이름은 충후이(寵惠)로 중국 제일의 법률가로 일컬어진다. 난징 정부 당시 요직을 거쳤다.

은 자아를 확대하여 일종의 '대아적(大我的) 생활'을 만들어 낸다. 그들의 '물질적 무상관'은 극도로 적극적인 '정신적 항상관'에 입각하고 있는 것이다. 이러한 관념은 승려의 독경이나 신관의 기도나 목사의 설교 등에서가 아니라 사회생활 속의 여러 모습에서, 특히 남녀의 연애와 전쟁 등에서 확연하게 찾아볼 수 있다.

중국인의 남녀 관계는 대단히 삭막하고 슬프다. 가정을 구성하는 것도 열렬한 사랑에 의한 결합이 보이지 않고, 남녀의 자유 결합마저 극히 냉담하고 타산적이다. 물론 이러한 점을 신앙 생활과 결부시키기에는 많은 이론(異論)이 있을 것이다. 그러나 인류의 생활은 진실성이라는 점에서 어떤 절대적 일치점을 가지게 된다. 더구나 생명의 존엄에 관해서는 한 점의 허위도 허락되지 않는다. 남녀 관계야말로 인류 생명의 근본이다. 그것은 '생'이라는 의미를 지니고 있으므로 '살(殺)'의 의미의 집중점인 전쟁과 쌍벽을 이루는 중대사이다. 또한 이에 비하면 생사의 과정에 있는 '식(食)' 문제마저 작은 것이 되어 버린다. 그러므로 남녀 관계에서 허위와 타산은 생존의 의의의 오류, 아니 상실이라고 할 것이다. 한 민족이 남녀 관계를 유희시한다면 그 민족의 생존 의의는 이미 쇠약한 것이 된다. 남녀 관계가 단지 타산에 빠져 버린다면 그 생존 의의는 소멸되는 것이다.

자살이란 가장 유약하고 우매한 행위로서, 자신감의 결여를 보여 주는 행위일 뿐만 아니라 생에 대한 탐욕 끝에 다다른 도달점이기도 하다. 만약 사람이 강한 생존력을 가지고 확고한 자신감과 우주와 인생을 꿰뚫어 보는 눈을 구비하고 가슴을 펴고 매진한다면, 그의 앞길을 무엇이 가로막든 두려울 것이 없으며 어떠한 악마도 물리칠 수 있다. 그렇지만 죽음에 대한 두려움이 극에 달하거나 생의 탐닉이 극에 달했을 경우에는 자포자기의 막다른 골목에 도달하기도 한다. 물론 사회의 제도나 관습이 유형 · 무형으로 개인을 압박하여 개인의 사회적 생존에 치명적 결함을 낳아 개인을 자살로 몰고 가기도 한다.

그러나 이러한 개인의 '사회적 생존상의 결함'은 개인 스스로 만들어 낸 것이 아닌 경우, 심리적으로 어떤 죄책감을 느껴 자신을 책망하여 마침내 자살로 달려가게 되는 일은 결코 없다. 만약 이 결함이 확실하게 사회의 결함이라는 점을 인식한다면 자기의 생존 의의가 사회에 비교하여 결코 작지 않다는 사실을 이해할 것이며, 따라서 사회에 대항하여 강하게 부딪쳐 일전을 할 수 있는 용기가 솟을 것이다. 가령 싸움에 져서 죽는다 해도 자신의 생존에 대한 의의는 잃지 않는 것이다. 그러므로 자살만큼 탐욕스런 행위는 없으며, 자살만큼 유약한 행위는 없으며, 자살만큼 자신감이 결여된 행위는 없다. 또한 인도적 견지에서 말하면 자살만큼 잔인한 행동은 없으며, 정신적 측면에서 말하면 자살만큼 모순에 찬 통제 불능의 행위는 없다. 불가의 말씀에, "죄악 중에서 가장 큰 것은 자살이다. 살인에는 '성불의 인(因)'이 있지만, 자살에는 '성불의 과(果)'가 없다"라는 구절이 있다. 이러한 생각은 다방면의 성찰에서 나온 종합적인 판단이며 참으로 핵심을 찌른 말이다.

그러나 자살이라는 행위를 분석 · 연구해 보면, 세계에서 자살자가 가장 많은 일본인은 자살에 대한 관념에서 다른 민족과 다른 점이 있음이 발견된다. 무엇보다도 자살에 대한 관념이 다른 민족과 다르다는 점에서 일본인의 특성을 엿볼 수 있다. 그리고 그 특성이야말로 일본인의 강점을 표현한 것이라고 말할 수 있다. 나의 이러한 관찰은 결코 자살하는 사람을 비판하려는 것이 아니라 관념상 그들의 배후에 있는 사회적 생존 의식의 특질을 발견하려는 것이다.

일본인의 자살은 두 종류로 나누어 생각할 수 있다. 하나는 여느 민족과 다를 바 없이 유약한 결과로서 생존 불가능, 자기 상실의 경우이다. 다른 하나는 일본 민족에게 보이는 독특한 것으로, 이 경우는 자살자의 심리 상태에 일종의 적극적인 의의가 내포되어 있다. 자살자의 의식에 물질적 무상과 정신적 항상이라는 두 관념이 명료하게 나타나 있는 것이다. 자살 방법에서 보면, 다른 민족의 경우는 보통 고통이 적고 소극적이며 노력을 필요로 하지 않는 방법을 택한다. 물속에 투신자살하거나 목매는 자살이 많은 것은 이 때문이다.

중국에서는 아편으로 자살하는 사람이 많다. 또한 이들의 경우 자살에 대한 결의가 애매한 자가 많다. 그들이 자살에 성공하는 것은 불운하게도 구제의 손길이 나타나지 않았다거나 나타났어도 응급 처치가 적절하지 못했다거가 시간적으로 시기를 놓친 경우이다. 그들은 음독할 때 구원자가 나타날 것을 염두에 두고 있으며, 구원자들이 나타나 자신을 동정해 주기를 바라고 있다. 너무 유약하여 자살하려고 하면서도 어쩐지 죽고 싶지 않다는 심리를 완전히 버리지 못하는 것이다. 이러한 심리에는 물질적 무상과 정신적 항상의 관념이 조금도 보이지 않다.

이와 대조를 이루는 것이 일본인의 할복이다. 할복은 고통이 가장 크며 적극적인 노력 없이는 목적을 달성할 수 없는 죽음의 방법이다. 자살자는 죽음의 순간에도 극히 명료한 생존 의식과 강인한 분투 정신을 적극적으로 유지하면서 최후의 순간까지 노력의 의무를 버리지 않는다. 할복을 할 때에는 자세를 흐트러트리지 않으며 복부에 정확히 열십 자를 그리고 사용한 무기를 절차대로 정리한다. 생존 중 그의 생존 의의가 되었던 주의가 마지막까지 관철되는 것은 물론, 어쩌면 구해지기를 바라는 타산적인 생각은 티끌만큼도 없다. 사상에서 생긴 신앙, 그리고 신앙에서 생긴 힘이 최후의 찰나까지 지속되는 것이다.

할복뿐만 아니라 우리의 주목을 끄는 또 다른 죽음의 방법에 정사가 있다. 그들 중 대다수는 자신의 목적을 위해 죽지 않는다. 더구나 상대방과 자신의 공동 목적을 위해 죽는 것도 아니다. 그들은 단지 사랑하는 상대방의 목적을 달성하기 위해 용감하게 기꺼이 사랑하는 사람의 희생이 되는 것이다. 그들이 생각하는 세계는 극히 협소하다. 둘만을 위한 절대적인 사랑, 이것이 그들의 세계이다. 그들은 이 세계를 위해 전 세계를 버리는 것이다. 정사는 화류계에 많이 나타나며, 다음으로 사회 계층이 서로 다른 남녀의 연애에 많이 보인다. 이 두 경우 모두 타산적인 환경 속에서 사랑하는 남녀가 세상의 모든 타산을 버리는 행위이다.

아마도 타락하고 유약한 사회, 잠깐의 쾌락을 탐하는 음탕한 남녀 관계밖에 보이지 않는 사회, 이러한 사회 환경에서 사는 남녀에게는 초세속적인 남녀 관계는 상상도 하지 못할 것이다. 열렬한 사랑과 아름다운 동정, 성을 초월한 이 두 가지 생존 의식이 그들을 죽음의 길에 다다르게 하는 원인이 되었던 것이다. 중국의 역사 어디에도 이렇게 감동적이고 심각하게 인생의 의의를 느끼게 하는 기록은 보이지 않는다. 자살이라는 죽음의 한 형식으로부터 풍요로운 한 생의 의미를 느끼게 하는 정사는 일본 민족의 신앙에 대한 진실성의 한 표현인 것이다.

전쟁사에서 우리에게 강렬한 인상을 주는 기록은 수없이 많다. 최근 중국 국민의 전투 능력은 확실히 크게 진보되었다.

"최근 국내 전쟁은 수십 년 전을 회고해 볼 때, 국민의 전투 능력을 향상시키기 위한 하나의 연습 과정이었다는 것을 알 수 있다. 그 외의 다른 모든 개인적 · 지역적 혹은 당파적 목적은 이러한 신중한 연습 과정을 존재케 하는 불가결한 원동력이 아니다. 진정한 목적은 현재 사람들이 알 수 없는 깊은 곳에 감추어져 있다."

이것이 나의 지론이다. 그러면서도 생존의 의의에 일대 혁명이 일어나지 않는 한, 이러한 전투 훈련도 민족의 능력 강화에는 미미한 효과밖에 기대할 수 없다. 병졸은 몇 푼의 돈을 위해, 높으신 분들의 출세와 축재와 사치 삼매경을 위한 비열한 계산만이 전부인 듯한 전쟁에서는 생명경시사상이 극에 다다르게 된다. 옛사람 사마천이 말하기를 "죽음은 태산보다 무거우며 홍모보다 가볍다"라고 했다. 이 말이 충분한 설명이 되지는 못하겠지만, 죽음이란 물질적 무상을 초월하여 정신적 항상을 쌓아 올리는 일, '소아(小我)' 속에 '우주아(宇宙我)'의 힘을 나타내는 일이라고 생각한다. 구체적으로 말하면 개체의 생사 관념에서 벗어나 대중의 생사를 중히 여긴다는 것이다.

이러한 주의에 기초한 전투 관념이 철저해지고 강화되지 않는 한 민족의 전투력은 증가되지 못한다. 동시에 타산적인 경쟁은 계산적이지 않은 전투, 계산 불능의 전투에는 통용되지 않는다. 중국인이 과거 1천수백 년 동안 주변의 야만적인 소민족을 적대시하지 않았던 이유는 전부 여기에 있다. 이번의 북벌전쟁의 예를 들어 보면 창강 근처에 이르러 전투력이 붕괴된 것은 무슨 이유인가. 물론 영국 · 일본 및 공산당으로부터의 3대 압박이 실패 원인이기는 하지만, 그것보다 부패 타락한 사회를 교정하지 못하고 타산적인 인습을 깨지 못했던 우리의 약점이 훨씬 더 큰 이유인 것이다. 이 약점은 중국 민족에게 공통으로 있으며, 이것을 극복하지 못하면 성공을 얻을 수 없다.

총리는 혁명군에 대해 언급하면서 "혼자서 1백 명을 대항할 수 있는 자만이 혁명군이 될 수 있다"라고 정의를 내리고 있는데, 정말로 지당한 말씀이라고 생각한다. 이에 대해 좀더 자세히 말하면, "모든 사적 계산을 버리고 영구적이며 일체적인 생존 의의를 목표로 세워 죽음의 의의를 통해 생존의 의의를 구할 수 있는 자, 즉 신앙을 위해 살며 신앙을 위해 죽는 군대야말로 혁명군이다"라고 말할 수 있다. 신앙의 형식과 내용에는 차이가 있을지언정 그 목적은 하나이다. 만약 한 민족이 신앙의 힘을 잃어버린다면 어떠한 주의로도 그 민족을 구할 수 없다. "중국을 구하기 위해서는 우선 중국에 자신감을 회복시키자"라는 위대하고 심각한 정신 교육의 의미를 이제는 이해하였을 것이다.

최근 수년간 중국의 사상계는 혼란을 거듭하긴 했으나, 거기에는 일대 진보가 있었음도 인정된다. 즉 지금까지의 모든 전투가 사상 전쟁으로는 발전하지 못했다. 사상 전쟁이라고 해도 기껏해야 사상의 형식에 한정되어 있었다. 사상이야말로 생명이라는 점, 사상의 불통일은 생명의 불통일이라는 점, 사상의 불통일이 비참하게도 격렬한 전투로 이어진다는 점 등을 이해하지 못했다. 그러나 최근 3년 동안 많은 변화가 있었다. 과거 15년간의 민족 전투력 훈련을 위한 실제 연습에 더욱 중요한 의의가 더해져 이제 훈련이 전투의 기본적 동력이라는 사상에 이르게 되었다. 사상은 그저 책상 위의 공론이나 무책임한 아이들의 놀이가 아닌 생명의 중심인 것이다. 사상은 신앙으로 변하지 않으면 힘이 될 수 없으며, 생명과 합체되지 않으면 신앙이 되지 못한다. 신앙을 경시하는 유물사관으로는 인생의 의의를 해명할 수 없으며, 민족의 생존 의의를 해명하는 일은 더 더욱 할 수 없다. 위대한 삼민주의, 위대한 민생사관이여!

23. 미를 사랑하는 국민

신앙 생활을 차치하고 인류의 생활에서 가장 중요한 것은 '미적(美的)인 생활'일 것이다. "예(禮)를 갖추고 악(樂)을 이루고 인(仁)에 의하고 예(藝)로 즐긴다"라는 말이 있다.

여기에는 문화의 네 가지 요점이 지적되어 있다. 예라는 것은 사회조직의 제도를 일컫는 말이다. 사회에는 조직이 반드시 필요한데, 조직이 제도화되지 않았을 경우 조직의 힘은 확고하게 고정되지 못한다. 인류의 생활은 결코 무정서(無情緖)하고 물질적인 껍데기만으로 이루어지는 것은 아니다. 생활이 생활인 까닭은 거기에 생활의 기능이 작동하고 있기 때문이다. 그 기능의 주체가 되는 것이 생존의식이며, 그것을 추진하는 원동력이 생활의 정서이다. 따라서 생명체로서 살아 있는 모든 것을 '유정(有情)'이라고 부르는 것은 매우 운치 있는 용어이다. 대개 혁명은 모든 사회조직제도를 개혁하는 것으로, 반드시 그것에 앞서 사회생활을 추진하는 정서에 변화가 생겨야 일어나게 된다. 신앙 생활의 혁명과 예술 생활의 혁명은 사회제도의 혁명보다 앞서 일어나서 제도의 혁명보다 후에 완료되는 것이다. 그리고 완료한 후에는 다음 변화의 조짐을 예고하게 마련이다. 이와 같이 끊임없는 되풀이가 사회의 진화를 가져오는 것이다. 나는 앞 장에서 일본인의 신앙 생활에 대해 논했는데, 이어서 그들의 예술 생활에 대해 알아보려고 한다.

시, 음악, 그림, 조각, 정원, 건축, 의복 그리고 그 밖의 모든 생활의 형식은 그 어느 것도 '미' 없이는 성립될 수 없다. 미야말로 인류 문화가 지닌 최대의 특질이며 또 최대의 요구이다. 미의 의미를 배제해 버리면 인류 문화는 존립하지 않는다. 원래 모든 생물은 그 나름으로 특유의 '색과 향기'를 지니고 있다. 그것이 그 생물의 생존에 필요 불가결의 도구이며 또한 생활을 추진하는 원동력이다. 또한 성은 생명의 기점이므로 미의 표현은 자주 성생활과 밀접한 관계를 가진다. 이러한 사실은 조류의 모양새나 우는 소리를 생각해 보면 알 수 있다. 성의 경쟁이 격렬한 종류일수록 생김새와 목소리가 아름답다. 이것은 인류의 경우에도 다르지 않아 가령 미술이 진보하여 널리 보급되어 있는 민족은 그들만의 문화 창조 능력이 뛰어나다.

각 민족의 특성은 신앙 생활과 예술 생활에서 정직하게 드러나는 법이다. 같은 종교라도 다른 사회에 전파되어 들어가면 그 민족의 종교로 변하고 만다. 불교라고 해도 중국의 불교와 일본의 불교는 크게 다르다. 불교 전체에서도 그러하지만 종파 하나하나에서도 마찬가지라고 말할 수 있다. 예를 들어 선종의 경우, 승려나 거사의 성격도 중국과 일본은 서로 다르다. 중국 선종의 승려나 거사는 한결같이 진나라 사람의 청담(淸談)이나 송나라 유학자의 성리를, 끝내는 교외별전(敎外別傳)·불립문자(不立文字)·직참미묘(直參微妙)·불차수위(不借修爲)를 구실로 선기도(禪機圖)○를 남발하여 대중을 속일 뿐이다. 물론 일본 선종의 승려나 거사라고 해서 결점과 허위가 없는 것은 아니다. 그러나 일본에서는 무가시대라는 문자 그대로의 투쟁 사회 속에서 검술이나 유술(柔術)과 함께 좌선은 투쟁 정신 훈련의 한 중요한 요소가 되었다. 그리하여 선종은 군대의 최고 통솔 원칙, 검술의 최고 의미, 전투의 최고 책략으로 발전하였던 것이다. 그리하여 아무리 고명한 선사라고 자칭해도 '전투'와 '죽음'이라는 최초의 관문에서 급락이 분명하게 나뉘는 것이다.

일본의 예술 생활에는 어떠한 특징이 있을까. 물론 복잡하고

○ 선기도 : 선을 깨달은 계기를 상징적으로 표현한 인물화. 중국 송나라 때 시작되어 송나라와 원나라 때 크게 유행했다.

다양하지만, 크게 두 종류로 나눌 수 있다. 하나는 전투적 정신 즉 생사를 초월한 힘이며, 또 다른 하나는 우미정적(優美靜寂)한 심경과 정교세밀한 형식이다. 전자는 호전 국민으로서 전투 생활에서 배양된 결정이며, 후자는 온대에 속하는 섬나라의 우미한 자연 풍경에서 나온 현상이다. 시대적으로 전자는 무가시대의 습성이며, 후자는 공가시대의 여운이다. 또한 지역적으로 말한다면, 전자는 동국(東國)° 및 서남 지방의 단의(短衣)문화를, 후자는 교토(京都) 지역의 장수(長袖)문화를 나타내고 있는 것이다.° 물론 이런 구별이 절대적인 것은 아니다. 긴 역사 속에서 종적으로는 전래에 따른 변화에 횡적으로는 교통의 발달에 의한 변화에 영향을 받았다. 또한 이러한 과정에서 위의 두 속성은 융화되어 화합의 단계에 이르게 되는데, 여기서 '일본적 취미'라고 할 수 있는 틀이 형성되었다.

일본적 취미란 몇 마디 말로는 표현하기 어려우며 간단하게 개괄하기도 어렵다. 그저 나는 여기에 담긴 깊은 의미에 찬사를 보

○ 동국 : 긴키 지방에서 보아 동쪽에 있는 지방. 도쿄를 중심으로 하는 간토(關東) 지방을 말한다.

○ 전자는 ~ 것이다 : 단의는 길이가 짧은 옷, 장수는 귀족이나 승려 · 학자 등이 입던 소매가 긴 옷이다. 따라서 단의 문화는 실용성을 위주로 하는 문화를, 장수 문화는 규범과 예절을 중히 여기는 문화를 뜻한다.

내고 싶다. 그것은 "일본인의 예술 생활에는 진실성이 담겨 있다. 그들은 예술을 통해서 스스로 진실되고 위선되지 않는 생명력을 표출하고 있다"라고 하겠다. 여기에 한마디 덧붙인다면, "일본인의 심미의 정도는 다른 어느 나라 국민과 비교하더라도 고상하고 보편적이다"라고 하겠다.

일본적 취미의 덕성 및 품격에 대해 분석해 본다면, '숭고'·'위대'·'유아(幽雅)'·'정치'의 네 가지의 품성 중 풍부한 것은 유아와 정치이며, 결여되어 있는 것은 위대와 숭고, 그중에서도 특히 '위대'이다. 예를 들어 고대 중국인이 미를 말할 경우 대상으로 삼는 것은 일월성신이며 벽하창궁(碧霞蒼穹)이다. 그리하여 "만천(滿天)에 성두(星斗) 빛나리"라는 형태의 말이 미적으로 표현하는 관용어가 되어 있다. 이는 대평원에 사는 국민의 심미적 특성으로서 당연하다. 자연미의 풍부함에서는 중국과 같은 대륙국이 섬나라에 뒤지는 바가 없다. 일본인이 미적 극치의 대상으로 여기는 것은 기껏해야 후지산(富士山) 정도로서, 위대와 숭고라는 측면에서는 중국의 여러 명산에 비교가 되지 않는다.

그러나 일본은 많은 섬으로 구성된 나라로서 국토의 변화가 풍요로우며, 가는 곳마다 작은 계곡과 구릉이 많아 사람들의 눈을 즐겁게 한다. 또한 우아한 풍경은 동시에 정교하기도 하여, 섬세하게 새겨진 조각을 연상케 할 정도이다. 이러한 아름다운 경치가 하나의 심미 교육이 되어 일본인에게 자연 감상의 습성을 길러 주었다. 『고금집(古今集)』의 「서(序)」에 "꽃 속에서 우는 꾀꼬리, 물속의 개구리 소리를 들으면, 살아 있는 모든 것, 어느 것도 이에 화답하여 노래 부르지 않을 수 없다" 라고 쓰여 있는데, 확실히 이러한 자연미를 추구하는 취미는 넓게 보급되어 있다. 그러나 스케일이 작아서 만리에 걸쳐 펼쳐진 구름 한 점 없는 광막한 평원이나 일사천리를 가는 장강대하와 같은 기풍이 결여되어 있는 점은 아무래도 약점이라 하겠다. 중국인이 일본인과 사귀면서 가장 불쾌하게 느끼는 것은 이러한 그들의 협소한 성격이다. 이 성격은 1백 년, 2백 년 아니 5백 년을 소비하더라도 변화될 가능성은 없다. 일본 민족은 적어도 2천수백 년의 역사를 가지고 있다. 즉 2천수백 년 동안 끊임없이 기후, 지리, 역사로부터 감화와 도야를 받아 현재의 모습이 된 것이다.

물론 이들의 습성에는 장점과 단점을 함께 포함하고 있다. 우리들이 알아야 하는 것은, 그 좋고 나쁨이 아니라 그것이 무엇인가 하는 점이다. 한 민족의 신앙 생활의 장단점, 예술상의 장단점이라는 것은 하루아침에 생성 · 소멸될 수 없으며 쉽게 바뀌는 것도 아니다. 나라가 망한 지 수천 년이 지난 민족, 수만 리를 이동해 온 민족이 의연히 자기 민족의 고대 예술 및 심미의 특성을 유지해 온 예는 실제로 많이 있다. 이러한 능력을 갖춘 민족이라면 민족의 질과 양을 유지하는 힘도 마찬가지로 클 것이다.

그와 동시에 우리는 하나의 독특한 미술이 성립되기까지는 긴 세월이 소요될 뿐만 아니라 여러 문명이 여러 차례에 걸쳐 혼합될 필요가 있다는 점을 잊어서는 안 될 것이다. 또한 그때 조화와 창조라는 측면에서 하나 혹은 복수의 민족 요소의 순결성, 특히 혈통의 순결성이 유지되어야만 그 문화가 난숙기를 맞이할 수 있으며, 거기서 독특한 미술이 형성된다는 점도 잊어서는 안 된다. 일본의 미술을 구성하는 요소는 극히 다양하며 말할 것도 없이 중국 미술과 인도 미술이 기본 요소가 되어 있는데, 일본 민족의 특수성이 축으로서 중요성을 지닌다는 점은 분명하다. 중국과 일본의 미술에 대해 어느 정도 지식을 가진 사람이라면 음악, 회화, 조각, 분재, 꽃꽂이, 서예 중 무엇을 보더라도 어느 것이 중국의 것이며 어느 것이 일본 것인지 한눈에 구별할 수 있다. 그 나름의 특징을 알아볼 수 있는 것은 두 나라 사람의 체격과 얼굴 생김의 차이를 찾아내는 것보다 쉬운 일이며 확실하다. 중국 서가의 필법에는 나름의 개성과 특질이 드러나 있는데, 그를 구별하는 것과 같다. 같은 왕희지의 흉내라 할지라도 1천 명이면 1천 명 모두 그들 나름의 스타일이 있으므로 개인차는 뚜렷하다.

일본 민족은 일반적으로 중국인과 비교하여 미적 정서가 우아한 동시에 풍부하다고 일컬어지지만, 이는 틀린 말이 아니다. 중국 농촌에서 우리가 흔히 접할 수 있는 미술이라면 돌에 그려진 머리가 유난히 큰 토지신, 목각의 재신, 오통신(五通神), 삼관대제, 관제(關帝) 또는 그 외의 신상의 벽화, 문신(門神)이나 문전(門錢), 빨간 종이에 엉터리 대구로 쓰인 춘련(春聯), 말 그대로 돌멩이만 하나 덩그렇게 놓여 있는 사단(社壇) 등 기껏해야 이런 정도일 것이다. 그러나 이들은 천편일률적이어서 자연미와의 조화도 창조적인 인공미의 흔적도 찾아볼 수 없으나, 우리는 여기서 일종의 소박한 생기를 느낄 수 있다.

한편 도회지는 어떨까. 부자들의 집은 햇볕이 잘 들지 않고 바람도 통하지 않는 사각형 건물로 되어 있는데, 정원에는 푸른 잎 사이의 하얀 신상을 표현한 화신(花神) 분재가 배치되어 있으며, 기와집이지만 '무슨무슨 초당'이라 한다든가 도회지 안에 있음에도 불구하고 '무슨무슨 산관'이라고 하는 편액을 걸고 있으며, 명실공히 오보(五步)에 일루(一樓), 십보(十步)에 일각(一閣)이라는 조원법(造園法)의 구조가 많다. 이러한 형태의 것은 일본에서는 절대로 찾아볼 수 없다.

일본인이 자연미를 음미하는 방법에는 미묘한 정서가 숨겨져 있다. 특히 눈을 끄는 것은 정원 조성과 분재와 꽃꽂이다. 이상향의 자연 풍경을 축소한 정원을 만든다든지 노송의 수려한 모양을 모방해서 분재로 만든다든지 어떤 화가의 화법을 기본으로 하여 꽃꽂이의 유파를 열기도 한다. 이러한 형태는 극히 일반적인 것인데, 그들은 이러한 방법을 통해 독특한 상상력과 창조력을 작동케 하여 죽은 것에 생기를 주고 있다. 그들이 만든 평상과 울타리가 있는 풍경은, 도시 안에 있는 '산관' 같은 부조화를 느끼게 하지는 않는다. 또한 다실(茶室)에 있는 도자기나 대나무로 만든 문 등은 기와 지붕의 '초당'과 같은 싫증을 부르지도 않는다. 마을 집집의 벽에 붙어 있는 우키요에(浮世繪)는 삼관(三官)의 신상과도 같은 저급한 정서를 느끼게 하지 않는다. 탁발 승려가 부는 고색창연하고 그윽한 퉁소 소리는 우리가 듣는 중국의 선권(宣卷)● 보다 몇십 배나 강력한 힘으로 사람들을 중세의 시대로 끌어들인다. 이는 일본에 가면 쉽게 볼 수 있는 것들이다.

중국 문화가 일본에 전해진 지 약 2천 년이 되는데, 일본 문화가 발전과 성숙을 이룩하는 과정은 대체로 두 단계로 구분된다. 첫 번째 단계는 당나라의 제도를 완전히 모방했던 공가시대로서, 이른바 헤이안조(平安朝)의 문화가 최성숙기라고 말할 수 있다. 이 시대에 그들이 받아들인 중국 문화는 지배를 위한 법령과 선전에 의한 종교뿐이었다. 따라서 통일된 전장제도(典章制度)와 현학적인 종교 신앙이라는 난해한 두 문화를 바탕으로 태어난 예술

● 선권 : 불교 전래 이야기.

은 모두 귀족의 전유물이다. 그들의 예술이 내용적으로 천박하지 않고 형식적으로 저속하지 않은 것은 여러 면에서 보아 확실하다다. 다만 그 범위가 좁고 기백이 담기지 못한 점은 부정할 수 없다. 그로 인해 이 문화는 난숙기에 도달하자 곧 쇠퇴해 버렸다. 공가제도의 쇠퇴는 문명이 부패했다는 증거였다. 중국으로 말하면 마치 건강 · 임안시대°의 찬란했던 문명이, 망국패가의 기운이 가득 차 있었던 것과 흡사하다. 이렇게 되자 정치에서도 당연히 통치가 유지되기 어려워져 이윽고 일본은 군웅쟁패의 시대로 변했다. 살벌한 전란이 계속되어 제도 문물은 암흑 속에 묻힌 지 수백 년, 마침내 태합(太閤)°의 손으로 군웅이 통일되었다. 그후 히데요시의 패업을 이어받아 도쿠가와 이에야스는 부패 타락한 서국(西國)°을 버리고 광활한 동해 해변에 신흥의 에도 문화를 세웠다. 이는 주목할 만한 일이다.

간과해서는 안 될 것은, 민족으로서 아직 미개한 부족시대였던 일본이 눈부신 통일과 발전을 이룬 당나라 전성기의 문화를 인위적으로 무리하게 모방함으로써 문명 건설을 이루었다는 사실이

○ 건강 · 임안시대 : 위진남북조시대(221~589)를 이른다.

○ 태합 : 전 관백에 대한 경칭으로, 여기에서는 도요토미 히데요시를 가르킨다.

○ 서국 : 교토를 중심으로 하는 간사이(関東) 지방.

다. 따라서 당시의 문명이 쉽게 민중에 의해 소화되지 못했던 것은 당연하다. 통일적인 공가제도가 분열적인 봉건제도로 이행하는 과정은 중국의 역사와 비교하면 말 그대로 역사가 역행하게 된 모습이었다. 그러나 당시 일본의 사회 조직과 문화의 보급 정도를 생각한다면, 봉건제도의 출현은 국내 각지에서 새로운 문화의 수요가 일어나 그것이 보급된 결과이므로 자연스런 역사의 흐름이었다. 그후 3백 년에 걸친 도쿠가와의 치세는, 일본 민족의 세력을 결속시켰을 뿐만 아니라 교토 일대의 소수 귀족이 독점하던 문화를 일반에게 보급시켰다.

예술에 관해서 살펴보면, 도쿠가와 중기 이후에 나타난 민간 문학 · 민간 미술의 발흥은 일본사상 공전의 위업이었다. 그뿐만 아니라 이 시대의 문화 예술에는 실생활 속의 정서가 넘쳐 있었고, 모든 제도 문물이 '인정(人情)'을 중심으로 발전하였다. 미를 사랑하는 일본 민족의 풍습이 생겨나고, 심미 능력이 증진된 점은 도쿠가와시대의 최대의 성과라고 해도 과언이 아니다. 이러한 현상 및 그 원인에 대한 연구는 일본에 대한 중요한 연구 테마인데, 보다 전문적인 고찰이 요구된다. 이 점에 관해서는 더 자세히 비평할 능력도 정밀하게 연구할 여유도 나에게는 없으므로 여기에서 간단히 문제점을 지적해 주의를 촉구하는 정도에 그치겠다.

미를 사랑하지 않거나 심미적 능력이 없다면 그 사람의 일생만큼 가련한 인생은 없다. 민족으로서도 마찬가지이다. 미를 사랑하는 정신을 가지지 못한 민족이 있다면, 그 민족의 모든 문화는 쇠퇴의 길에 이를 것이며 생존력 역시 소멸할 수밖에 없다. 미야말로 생존 의의 중에서 최대 · 최고 · 최심(最深)에 해당되는 요소 중 하나인 것이다. 신앙 생활을 차치한다면, 미의 생활이야말로 가장 중요한 일이라고 말할 수 있다. 중산 선생은 인생의 중요한 생활 조건으로서 식, 의, 주, 행, 인쇄의 다섯 가지를 들고 있다.● 이것은 산업에 무게를 둔 분류이다. 이 다섯 가지는 모두 그저 있는 것만으로는 부족하다. 거기에 미가 없으면 안 되는 것이다. 아니 미가 있어야 할 뿐만 아니라 미를 끊임없이 발전 · 진보시켜야 한다. 그렇게 해야만 인간 생활은 한 걸음씩 향상의 길에 이르게 되는 것이다. 감자에 만족해서 쌀이나 보리를 먹고 싶어하지 않는 사람, 목면에 만족하여 비단옷을 입고 싶어하지 않는 사람, 허술한 집에 만족하여 훌륭한 저택에 살기를 원치 않는 사람, 가시밭을 개간하는 것에 만족하여 길을 만들려고 하지 않는 사람, 목판에 만족해 기계 인쇄를 생각하지 않는 사람, 이런 생활 의식을 가진 사람에게는 문명도 진보도 기대할 수 없다.

● 중산 ~ 있다 : 쑨원은 이 다섯 가지가 '생활의 물질적 요소'라고 설명하고 있다. 행은 운수 · 교통 전반을 가리킨다.

게다가 미를 사랑한다는 것은 도덕 생활과도 밀접한 관계가 있다. 도덕 생활의 진보를 구하는 심리는 미를 사랑하는 마음과 통하는 바가 있다. 미를 이해하지 못하는 인간은 결코 도덕의 진보를 소망하지 않는다. 설령 바란다고 하더라도 그 바람은 공허하며 목표를 벗어난 것이다. 중국의 수신은 외적 생활을 무시하고 성리만을 강요하는 경향이 있어, 그 결과 물질 문명의 진보가 방해를 받을 뿐만 아니라 정신 문화까지 날로 퇴보하게 되었다. 중국 민족의 향상과 발전 능력이 완전히 파괴되어 버린 것은 바로 이 때문이다.

지금까지 나는 일본 민족의 특징을 열거하고 그들이 진보 · 발전을 이룰 수 있었던 원인에 대해 살펴보았다. 첫 번째는 의심할 나위 없이 그들에게는 열렬한 '신앙의 힘'이 있다는 점이다. 이 신앙의 힘의 작용으로 그들은 어떠한 일에 대해서도 불요불굴의 정신을 가지며, 어떤 곤란에도 견디며, 주의를 위해 모든 것을 희생하며, 전 민족을 깨우쳐 한 덩어리로 묶는 일이 가능한 것이다. 보수파는 보수파로서 생명을 걸고 소중히 지켜야 할 목적을 견지해 나가며, 혁명파는 혁명파대로 생명과 재산 전부를 걸고 전진을 위한 싸움에 매진한다. 러일전쟁 당시의 '육탄(肉彈)' 정신은 바로 이러한 신앙의 힘이 표현인 것이다. 두 번째는 미를 사랑한다는 특성이다. 이것도 신앙과 마찬가지로 민족의 기본적인 힘이다. 이 두 힘을 겸비한다면 그 민족은 반드시 강대해지며 발전을 이루게 된다. 이 두 힘만 잃어버리지 않는다면 그 민족은 망하지 않는다. 중국의 청년들이여, 제군들의 분투를 기대한다.

24. 상무, 평화, 그리고 남녀 관계

작은 민족이 진보 · 발전을 이루려고 할 때, 무엇보다 필요한 습성이 상무(尙武) 정신인 것은 논할 필요도 없다. 일본인의 상무 정신은 천하가 다 아는 사실인데 그들의 사회 풍습에도 조직 제도에서도 전부 상무 정신이 배어 있음을 발견할 수 있다. 이 점에 있어서는 이미 십수만의 중국 유학생들에 의해 중국에 전해졌으므로 다시 말하지 않겠다. 여기에서 내가 특히 말하고 싶은 것은, 일본 사회에는 평화와 호조의 습성이 골고루 확산되어 있다는 사실이다. 상무 정신은 평화와 호조의 정신에 의해 조화되고 보완되지 않는다면 진정으로 유효한 것이 되지 못한다는 점을 우리는 이해해야 한다. '생존을 위한 경쟁, 경쟁을 위한 호조', 이것은 생물의 본능이다. 상무란 경쟁을 위한 덕성이며 평화란 호조를 위한 덕성으로서, 양자는 모두 선천적인 것이다. 아무리 야만스럽고 잔혹한 사회일지라도 어느 정도는 평화의 습성을 가지고 있다.

만약 눈물이 없는 인간, 눈물이 없는 민족이 있다면 평화를 이해하지 못할지도 모르나, 그렇지 않은 한 설령 아무리 투쟁적인 민족이라도 그 민족의 생활 속에는 반드시 평화의 정서가 흐르고 있는 것이다.

지금까지 몇 번이고 언급했던 바와 같이 일본인의 상무 기풍은 수백 년간의 봉건시대에서만 양성된 것은 아니다. 실은 건국 이래 줄곧 양성된 것이며, 신흥 민족으로서 생존의 필요에서 생겨난 습성이다. 한편 그들의 평화의 습성이 사회 풍속으로서 제도의 형태를 가지게 된 것은 누가 뭐라 해도 중국 문화와 불교 문화가 보급 · 발전된 결과이다. 물론 평화의 종교인 불교가 일본에 들어가자 살벌한 성격을 띠게 되었다거나 인애와 중용정도를 말하는 공자의 학설이 일본 고학파의 야마가 쇼코의 신권설을 만들어 낸 예는 있다. 이것은 사상이 환경에 따라서 변화하는 하나의 예증이다.

그러나 다른 각도에서 볼 때 일본이 중국과 인도의 문화를 받아들이지 않았더라면, 산중의 일개 야만 민족이었던 그들이 불과 2천 년의 단기간에 자력으로 고상한 문화를 만들어 냈을 리가 없다. 일본에는 상고시대에 인육을 먹고 피를 빨아먹는 야만스러운 귀신〔鬼〕이 살았다는 전설이 있다. 지금이라도 인육을 먹고 피를 마시는 귀신의 단계에 머물고 있었을지도 모른다. 특히 우리의 눈길을 끄는 것은 일본의 사회생활에서 보이는 평화의 풍습이란 모두 불교의 교리나 의례에서 오거나 중국 문화의 예교에 보이는 것들이라는 점이다.

일본 고유의 신도에서 유래하는 사상과 행동은 상무의 성격을 띠고 있으며, 중국과 인도에서 유래하는 사상과 행동은 이와는 반대로 상문(尙文)의 성격을 띠고 있다. 또 정신 생활의 분석에서 말하면 일본의 신앙 생활이 상무의 풍습을, 그리고 예술 생활이 평화의 풍습을 만들어 냈다. 일본의 모든 예술을 부문별로 하나하나 조사해 보아도 전투에 관련된 예술은 거의 찾아볼 수 없다. 무기의 장식이나 교겐(狂信)° 중 몇몇 전쟁을 소재로 한 것을 제외하면 일본의 예술은 거의 모두가 평화사상, 평화 생활의 표현이다. 다도와 꽃꽂이라는 특수한 두 예술 그 중에서도 오로지 무가의 살벌한 습성을 부드럽게 하고 방패와 창을 옥과 비단으로 변화시킬 목적으로 유행했다는 사실은 역사가 명백히 가르쳐 주고 있는 바이다.

일본 민족의 문명은 그 역사가 얕다. 봉건제도의 폐지는 불과 60년 전의 일이다. 그럼에도 불구하고 사회적 문화는 중국보다

○ 교겐 : 일본의 전통 연극인 노(能) 상연 뒤에 상연되는 전통 연극의 하나. 일상생활 속의 일을 희극적이고 사실적으로 묘사하며 대사와 몸짓만으로 꾸며진다.

훨씬 진보해 있다. 예를 들어 야만적인 계투(械鬪)[○]나 실제적인 천민 집단 등은 이제 일본 내부에 거의 보이지 않는다. 그런데 중국에는 북방의 차이쯔(寨子), 남방의 파오(堡)같이 완전히 동족끼리 구성된 천민 부락이 아직 남아 있다. 이런 부락의 주민은 정치의 사각지대에 놓여 있으며, 봉건제도 이전의 일본의 동남 · 동북 지방에서 볼 수 있던 씨족제와 같은 생활을 지금도 하고 있다.

중국은 법률로 인민의 생활을 보장할 능력이 없으며, 정치로 인민의 행동을 규제할 힘이 없다. 게다가 전제적인 우민 정책을 시행하고 있다. 중국은 부패 타락한 창강 유역뿐만이 아니라, 북방계 이민족과의 혼합 지대인 황허(黃河) 유역에서도 미야오족(苗族)이나 야오족(猺族)과의 혼주 지대인 서강(西江) 유역에서도 봉건제도 하에서 아무런 간섭을 받지 않았고, 그로 인해 어떤 정치적 훈련을 받은 일이 없으므로 민족의 문화가 날로 야만의 방향으로 퇴화하고 있는 것이다. 중국 예교의 좋은 점이 일본 사회에 살아남고, 부패하여 도움이 안 되는 예교의 타성이 중국에 남게 된 것도 같은 이유일 것이다.

내가 유학할 당시의 일본은 지금처럼 인구가 조밀하지도 않았

○ 계투 : 혁명 전 중국에서 수리나 경계 다툼 등이 원인이 되어 일어난 부락 혹은 노동자 집단 사이의 무력 투쟁. 청나라 때에는 화중 · 화남 지방에 많았다.

고 자본주의도 성숙되어 있지 않았다. 그로 인해 금전에 의한 계급 구분도 지금과 같이 판연하지 않았으며, 생활도 지금처럼 힘들지 않았다. 당시의 일본 사회는 생활상의 좋은 옛 풍습을 많이 가지고 있었다. 이것은 20년 전에 일본에 갔던 경험이 있는 사람이라면 누구나 인정할 것이다. 시간이 흘러 제1차 세계대전을 전후한 시기의 교토 · 오사카 지방의 번영은 러일전쟁 시기에 미치지는 못했지만, 사회의 모순과 균열은 지금처럼 심각하지 않았다. 그런데 1923년 관동대지진 후 생활의 동요가 일어나 민중의 생활에 커다란 변화가 생겼다. 한마디로 말해 '안정에서 불안정으로, 평화에서 동요'로의 변화였다. 그리고 사회의 인심이 날로 소란의 방향으로 악화됨에 따라 상무의 정신도 없어져 갔다. 신앙심은 이전보다 감소되었고, 반면에 미신이 더욱 확산되기 시작하였다. 또 미신의 유행과 비례하여 반종교운동과 무정부주의의 경향이 일어났다. 1천수백 년 걸려서 애써 중국 문명과 인도 문명을 소화하여 일본인의 혈액에 용해시켜 독특한 특색을 만들어 냈음에도 불구하고, 그런 일본적 특색이 날로 파괴되고 감소되어 가고 있다. 이번에 일본을 6년 만에 다시 방문해 보니 보는 것 듣는 것 모두 격세지감을 느낀다. 이에 대한 나의 인상을 간단히 정리한다면 다음과 같다.

첫째 일본인의 자신감이 감소되었으며, 이에 따라 사회 및 민족의 균열이 날로 확대되고 있다. 신앙심이 점차 약화됨에 따라 미신의 증가가 활발하다. 3년 전 쓰촨성(四川省)에서 목격했던 정도는 아니지만, 방향이 완전히 일치하고 있다. 어느 계급이나 하나같이 타산적인 상업 심리, 즉 일본인의 이른바 '상인 근성'에 지배되고 있다.

둘째 민족의 신앙심 감소는 동시에 민족의 미술성 파괴로 이어지고 상무 정신, 평화 정신이 퇴락되고 있다. 과거에 대한 감격, 장래에 대한 희망이 무너져 감에 따라 현재에 대한 음미 정신마저 점차 무너져 가고 있다. 말하자면 일본적 특색은 도쿄와 오사카 등의 대도시에서는 거의 그 모습을 찾을 수가 없게 되었다.

셋째 평화롭고 미를 사랑하는 정신과 미를 감상하는 습관은 계속되는 투쟁 생활 때문에 파괴되고, 사회생활은 평화를 잃어버리고, 인생의 날로 무미건조해지고 있다. 생활의 피폐가 극도에 달한 결과, 능동적 상무는 수동적 투쟁으로 변모하였다. 사회 조직의 결함이 나날이 확대되어 사회 전체에 혁명 공포의 분위기가 넘치고 있다.

이러한 모든 것은 대도시의 현상인데, 대도시에서 떨어진 농촌으로 가면 일본 본래의 면목을 볼 수 있다. 이러한 도시에서 농촌으로의 변동 상태에 대한 기술은 다른 기회로 넘기기로 한다. 여기에서는 우선 15년 전의 일본의 사회생활에서 볼 수 있었던 평화적인 양상에 대해 말하겠다.

일본 민족은 청결을 좋아하는 민족이며, 그들의 생활은 일반적으로 규율 바르고 예교를 중시하는 민족이다. 일본의 예교는 중국의 늙은 훈장 선생이 말로만 떠들어대는 성리학과는 다르며, 이미 사물화(死物化)된 예교가 타성적으로 중국 사회를 지배하는 것과도 다르다. 일본의 사회를 지배하고 있는 번거롭고 형식적인 규칙과 예절은 오히려 중국보다 많을 정도이나, 그 나름대로 형식이 생생하게 그 역할을 수행하고 있으며 예교가 화석화되어 있지 않다.

우선 일본인의 가정을 들여다보자. 일본 사회는 남권 사회이므로 여성의 지위는 전혀 인정되지 않는다. 즉 삼종(三從), 사덕(四德),• 양처현모라는 도덕 기준이 일본에서는 확실히 존재하며 현재에도 시행되고 있다. 그러나 그렇다고 중국처럼 여성을 집 안 깊숙이 가두어 두고 타인을 만나지 못하게 하는 관습은 없다. 여성의 언어 행동에는 일정의 제도 하에서는 많은 자유가 인정되고

• 삼종, 사덕 : 삼종은 『의례』에 나오는 삼종지도를 이른다. 즉 여자는 집에서는 아버지의 뜻을 따르고 시집을 가면 지아비에게 순종하며 지아비가 죽으면 아들의 뜻을 좇아야 한다는 것이다. 사덕은 『예기』에서 말하는 부덕(婦德 : 마음씨), 부언(婦言 : 말씨), 부용(婦容 : 맵시), 부공(婦功 : 솜씨)을 이른다.

있다. 남편에 대한 태도는 절대 복종이며 공손하기 이를 데 없다. 조석으로 무릎을 꿇고 남편을 배웅하는데, 이 습관은 생기가 넘치고 능동적인 동작이 되어 버렸다. 또 여성이 사용하는 언어는 남성의 언어와는 문법적으로나 수사적으로나 근본적인 차이가 있다. 시간과 장소에 상관없이 여성이 난폭한 언어를 사용하는 일은 거의 없다. 한편 남성의 경우를 보면, 중류 이상의 남성은 사교의 장에서 여러 종류의 언어를 적절히 구분하여 사용한다. 이런 사교 언어는 남성으로서의 존재를 나타내는 언어이다. 상대에 대한 최고의 경어를 사용하는 경우에도 인격의 위엄을 지키는 것을 잊지 않는다. 어릴 적부터 남성은 남성으로서의 독립성과 자존성을 확실히 나타내는 용어를 사용한다. 학교에서나 가정에서 이것을 장려하고 있다. 이러한 남녀의 계급 차가 현저한 사회임에도 불구하고 거기에는 중국과의 차이가 존재한다. 다음에서 그에 대해 양국을 비교해 보기로 하자.

하나, 중국의 남존여비는 겉과 속이 다른 기형적인 제도이며, 특히 상류 계급에서 이러한 경향이 두드러진다. 즉 남성이 극단적으로 여성을 압박하는가 하면, 한편으로 여성이 극단적으로 남성을 압박하기도 한다. 여성에게 압박을 받는 남성은 명예에 관계 있으므로 자신을 속이고 인내하며 남의 눈을 속이는 것이 보통이다. 일본 사회에는 적어도 이러한 일은 없다. 여성은 남성에게 절대적으로 복종하며, 남성은 여성을 절대적으로 보호한다. 예외는 있으나 아주 드물다. 위엄을 가진 남성의 보호애와 동정심을 지닌 여성의 배려가 사회 조직 속에서 조화를 이루고 있다. 일본 사회에서는 여성이 남성에게 '하동의 사자후'○를 퍼붓는 광경은 드물며, 남성의 여성 학대도 매우 적다. 약자를 보호한다는 무사의 도덕은 특히 남녀간에 있어서 현저하다. 물론 첩을 두는 일이 없는 것은 아니나 대다수가 일부일처제를 확실히 유지하고 있으며, 처첩을 본처와 동거하게 하는 일은 절대로 없다. 따라서 일본인의 가정은 중국인의 가정보다 훨씬 원만하다. 언제나 느끼는 것이지만, 일본의 남성에게는 분투하며 사는 생활 가운데에서도 항시 두 가지 위안이 주어진다. 하나는 일본인이 무엇보다도 좋아하는 열탕 목욕이며, 또 다른 하나는 따뜻한 가정이다. 일본 여성은 남편을 위로하고 동정하며, 사회에서의 하루 일과를 마치고 돌아온 남편에게 하룻밤의 위로로 피로를 회복하게 한다. 중국 남성들에게서 많이 보이는 가정으로 인한 고통은 일본 사회에

○ 하동의 사자후 : 사자후란 질투심 강한 여자가 남편에게 암팡지게 떠드는 것을 가리킨다. 이는 송나라 시인 소동파가 친구에게 보낸 시의 "갑자기 하동의 사자후가 들려온다(忽聞河東獅子吼)"라는 구절에서 왔다. 이 시는 남편이 동료들과 밤새워 이야기를 나누는 것을 못마땅하게 여긴 아내가 큰 소리를 지르자, 그 남편이 놀라 손에 들고 있던 지팡이를 놓치고 정신을 잃어 허둥대는 모습을 읊고 있다.

는 볼 수 없다.

둘, 중국의 축비제도(蓄婢制度)가 일본에는 없다. 그러므로 가비(家婢)에 대한 학대 등이 있을 리 없다. 일본은 계급 구분이 극히 엄중한 봉건제도를 경험했음에도 불구하고, 주인이 고용인을 사용함에도 중국의 도회지에서 보는 것과 같은 비정하고 냉혹한 관습은 없다. 그들의 가정에서는 고용인도 가정을 조직하는 구성원의 하나로서 취급되고 있다. 고용인에 대한 주인의 태도에는 일종의 온정이 느껴지나, 그 온정은 개인의 성격에서 오는 것이 아니라 제도에 의한 것이다. 그러나 현재의 도시 생활에는 점차적으로 이러한 온정적 주종 관계가 무너져 가고 있다. 계약 관념이 계급적 종속 관념을 뛰어넘어 확산되고 있기 때문이다. 그러나 학대라든가 인신매매제도처럼 중국식의 기형적이고 특수한 제도는 내가 아는 한 일본 사회에는 존재하지 않는다.

셋, 종법 사회와 장자 상속제는 서로 뗄 수 없는 관계로서 봉건제도 하에서는 반드시 존재하게 마련이다. 그러나 이 경우에도 차남 이하의 가족에 대한 장남의 의무 관념이 확실히 되어 있는 점은 중국과 전혀 다르다.

넷, 많은 중국인이 일본 여성의 정조 관념이 극히 희박하며 일본 사회의 남녀 관계는 난교에 가까운 것처럼 생각하고 있으나, 이것은 전혀 그릇된 생각이다. 아마도 중국인 유학생들이 경험한 특별한 환경 및 행동이 이와 같은 오해를 부르게 된 원인일 것이다. 확실히 일본인의 정조 관념은 중국인과는 다른 부분이 있으나, 그것도 중국인 유학생들이 말하는 정도는 아니다. 첫째로 일본인은 처녀의 정조 관념에 대하여 중국인만큼 잔혹한 생각은 가지고 있지 않다. 둘째로 미망인에게 정조를 강요하는 사고방식이 있기는 하나, 정절녀로 표창받기 위하여 남편의 뒤를 좇도록 딸에게 강요하는 중국식의 잔혹한 사회적 관습은 일본에 없다. 셋째로 일본인은 기녀에 대해 경멸보다 오히려 동정하는 심리가 강하다. 그리하여 일본에서 기녀를 본부인으로 삼는 것은 일상다반사이다. 특히 유신시대 지사의 부인은 거의 전부 청루 출신이었다. 이 한 가지를 보더라도 일본 사회가 기녀에 대해 중국 사회만큼 잔혹하지 않음이 증명될 것이다. 넷째로 일본 부인의 정조는 내가 아는 한 대단히 엄하다. 그 정조 관념은 가볍지 않으며 결코 중국인 유학생이 상상하는 것과 같은 음란한 사회는 아니다. 일반적으로 보아 일본 사회의 풍기는 중국의 쑤저우(蘇州)나 상하이 등과 비교해 좋을 수는 있어도 결코 나쁘지는 않다고 생각한다. 더구나 그들의 정조 관념은 고대 예교에 입각한 것이 아니라 현대의 인정 위에 성립된 것인 만큼 중국보다 훨씬 자유롭고 건전하다.

:: 옮긴이의 글

『일본론』은 중국의 혁명가이며 국민당 정부에 참여했던 다이지타오(戴季陶, 1890~1949)가 중국 혁명파 원로인 후한민(胡漢民, 1886~1936)의 서문을 받아 상하이의 민지서국(民智書局)에서 출판(1928년 176쪽으로 간행)한 단행본을 번역한 것이다. 이 책은 지금도 대만에서는 계속 간행되고 있다. 그러나 중국에서는 저자의 정치적 성향이 국민당 우파이며 장제스 정부에 참여했던 인물이기에 이 책을 별로 주목하고 있지 않는 듯하다. 일본에서의 사정은 어떠한가. 일본에서는 이 책이 일본에 대한 글인 만큼 제2차 세계대전을 전후하여 몇 차례 번역 · 출판되었다. 하지만 그리 좋은 평가를 받지 못하였다. 일본으로서는 지금도 간행되고 있는 베네딕트의 『국화와 칼』과 같이 서양인이 쓴 일본론이 아니라 중국인이 집필한 점, 그리고 일본의 군국주의에 대한 혹독한 비판서라는 점에서 그러할 것이다.

중국인이 저술한 일본에 관한 전론적인 책으로는 이 책 외에 황쭌셴(黃遵憲, 1848~1905)의 『일본국지(日本國志)』와 루쉰(魯迅, 1881~1936)의 단편에 보이는 글들이 전부라고 하겠다. 『일본국지』는 황쭌셴이 주일본국 공사관에 근무하면서 저술한 책으로, 이는 당시의 중국 개혁론자들에게 영향을 주어 무술변법운동에서의 개혁 모델을 일본의 메이지유신에서 찾게 하는 원인을 제공하기도 했다. 또한 그는 그 밖에도 『조선책략(朝鮮策略)』이라는 책을 저술하여 고종 17(1880)년 6월 일본을 방문한 조선의 수신사절 김홍집에게 이를 건네주었는데, 그 내용은 친중국(親中國)·결일본(結日本)·연미국(聯美國) 할 것을 조선에 권하는 것이었다. 이 책자가 조선에 전해지자 조정 내에서는 위정척사론자들의 반발을 불러일으켜 정치적 회오리를 일으켰음은 주지하는 바이다.

다음으로 루쉰의 일본에 대한 글로는 단편 「후지노 선생」을 비롯하여 일본 유학 시절인 1900년대 초반에 대한 회상 작품, 그리고 1920~1930년대를 배경으로 하는 작품들이 있는데 그 속에서 일본에 대한 평가의 단면을 살펴볼 수가 있다.

이에 비해 다이지타오의 『일본론』은 1927년에 집필된 것으로, 시기적으로 보면 일본의 군부 내각이 성립되어 일본의 군국주의화가 시작되던 때였다. 이에 대한 개략을 간단한 연표로 제시해 보면 다음과 같다.

1. 1927년 2월 다나카 기이치(田中義一) 군부내각 성립
2. 간은 해 일본은 산둥(山東)에 출병하여 중국의 국민 혁명(북벌전쟁)에 간섭
3. 1928년 일본 관동군이 장쭤린(張作霖) 폭살
4. 1931년 만주사변 발발

이렇듯 중국에 대한 일본의 침략이 본격화되어 가던 시기였다. 다나카 내각은 1927년 4월에 성립되어 2년 정도 지속되었다. 그는 수상 외에 외상과 척식장관을 겸임하고 있었다. 다나카 내각이 발족하여 처음으로 시작한 일은 중국의 국민 혁명군이 전국 통일을 목표로 광둥에서 북상하는 것을 저지하기 위하여 산둥으로 출병한 것이다. 결국 중국의 혁명을 무력으로 간섭하는 것이었다. 그는 이전의 하라 내각의 육군 대신으로 있을 때, 러시아 혁명에 간섭하여 시베리아에 출병한 전력이 있는 인물이었다. 즉 다나카 내각의 시작은 중국에 대한 혁명 간섭 외교의 시작이었던 것이다.

한편 중국의 상황을 살펴보면 중앙의 베이징 정부는 각 군벌들의 각축으로 혼전의 양상을 보이고 있었는데, 이에 맞서 대항하던 혁명파들은 광둥에 세력을 결집하여 북벌을 결행하게 되었다. 그간의 사정을 간단한 연표로 제시하면 다음과 같다.

1. 1924년 1월, 연소(聯소련), 용공(容共), 부조농공(扶助農工)을 기본 정책으로 하는 제1차 국공합작 성립
2. 같은 해 9월 베이징정변으로 베이징 군벌 정부 와해, 혼란 타결을 위한 대표자회의 소집
3. 같은 해 10월 쑨원이 국민회의 개최를 주장하며 베이징에 갈 것을 선언
4. 같은 해 11월 쑨원은 상경 도중 일본의 고베에 들러 「대아시아주의」 연설을 했는데, 이때 다이지타오가 쑨원을 수행했으며, 일본어 통역을 담당
5. 1925년 3월 12일 쑨원은 지병인 간암으로 베이징에서 사망
6. 1926년 7월, 군벌을 타도하기 위해 북벌군 출병(국민 혁명 추진)
7. 같은 해 12월 북벌군이 상하이 · 난징을 점령, 열강과 마찰
8. 1927년 4월 12일 장제스는 쿠데타로 전권을 장악하고 공산당 탄압, 제1차 국공합작의 붕괴
9. 1928년 6월 장제스군의 베이징 장악 — 봉천군벌 장쭤린이 일본군에 의해 폭살됨
10. 같은 해 6월 장제스의 국민당 정부(난징 정부) 성립
11. 1929년 12월 장쭤린의 아들 장쉐량이 국민당 정부에 협력 선언(전국 통일 완성)

이렇듯 중국의 상황은 국공합작의 성공을 바탕으로 베이징의 군벌을 타도하고 통일 정부를 만들어 나가는 과정(이를 국민 혁명이라고 한다)에 있었는데, 군국주의화되어 가는 일본과는 정반대의 방향으로 역사가 전개된 것이다.

이를 국민당의 정책 노선이라는 측면에서 보면, 이제까지의 친일본적 또는 일본의 친중국 인사의 힘을 빌려서 혁명을 추진하려던 쑨원의 혁명 노선에서 급선회하여 소비에트러시아 혁명을 모델로 하는 친소 노선으로 변화하였다.

이를 선언으로써 밝히고 일본과의 관계를 청산이라도 하려는 듯, 쑨원은 1924년 11월 일본의 고베에 건너가 「대아시아주의」라는 제목으로 연설을 행했다. 거기서 그는 일본의 외교노선을 신랄하게 비난하며 일본에게 "이후 아시아의 간성이 될 것인가, 아니면 서양 제국주의의 앞잡이가 될 것인가" 하는 신중한 선택을 하도록 마지막으로 촉구하였다. 쑨원이나 다이지타오의 바람은 일본이 중국과 조선을 비롯한 아시아 국가의 편에 서서 서양 제국주의의 지배에서 독립된 아시아 국가의 건설에 참여하는 것이었다. 이를 중국의 현실에 대입하여 보자면, 일본이 중국에 대한 내정 간섭과 군벌에 대한 원조를 멈추고 국민당에 의한 전국 통일을 도의적으로 지지해 주기를 바랐던 것이다. 결국 일본이 택한 길은 아시아주의와 왕도 정치가 아니라 제국주의와 군국주의를 지향하는 패도 정치의 길이었다. 다이지타오는 쑨원의 고베 연설에 동행하여 일본어 통역을 했다.

이러한 시대를 살았던 다이지타오는 쑨원의 사상을 절대적으로 숭배하고 그의 유지를 따른 국민당의 우파적인 입장에 서서 일본의 군국주의화에 경고하고자 하는 의도에서 이 글을 썼다. 당시의 좌우 파란은 쑨원의 사후에 불거지게 되었는데, 군벌의 타도와 전국의 통일을 위하여 공산당과의 제휴를 지속시키자는 것이 좌파의 주장이고, 공산당과 관계를 끊자는 것이 우파의 주장이다.

그 밖에 다이지타오의 저술 의도는 하나 더 있었다. 그것은 중국의 국민들에게 각성과 경종을 울리는 일이었다. 중국은 과거 수천년에 걸쳐 찬란한 문명을 이룩했는데, 이것이 아무리 훌륭하다 할지라도 이것을 실현하는 힘이 없으면 자랑거리가 되지 못한다고 했다. 그리하여 힘을 축적하려고 노력하지 않는 중국인에게 부끄러움을 느끼도록 자국민을 채찍질했다. 그는 그 힘을 이 책에서 '신앙'이라고 표현했다.

나는 이 책을 1982년 교토대학에 유학 중, 당시 지도 교수였던 호리카와 데쓰오(堀川哲男) 교수의 소개로 처음 일본어 번역본(市川宏 역, 社會思想社, 東京, 1972)으로 접했다. 당시 호리카와 선생님은 자신이 집필한 고등학교 세계사 교과서에 수정을 요구하는 문부성의 지시에 저항하고 있었다. 일본의 우익 나카소네 야스히로(中曾根康弘) 내각의 등장과 더불어 야기된 교과서 문제의 시작이었다. 그리고 이와 함께 수상의 야스쿠니 신사 참배 문제로 동아시아가 시끄럽던 시기였다. 쑨원 연구의 대가로서 항시 일본의 과거 군국주의 정권을 비판하며 쑨원의 왕도 정치를 입에 달고 다니시던 선생님은 지병으로 1990년 54세의 젊은 나이에 타계하셨지만, 선생님의 일독 권유로 당시 일본 정부의 우경화라는 환경 속에서 내가 접한 『일본론』의 맛은 지금도 뇌리에 남아 있다.

그로부터 세월은 흘러 20여년이 지났지만, 일본은 현재의 고이즈미 준이치로(小泉純一郎) 내각의 등장과 함께 1980년대의 상황이 재현되고 있다. 교과서 문제, 야스쿠니 신사 참배 문제는 물론이고 일본 국민의 우경화와 함께 2005년 9월 11일의 총선에서는 고이즈미 제2기 내각의 자민당이 대승을 거두었다. 이를 이에 대해 세계 각 주요 신문들은, 일본은 이를 바탕으로 헌법을 개정하여 군대를 보유할 것이며 패전으로 인한 도쿄 재판의 근거를 무너뜨려 전범 국가라는 오명을 바로잡고 유엔 상임이사국으로의 진출을 꾀할 것이라는 예측 기사를 보도하고 있다.

사실 경제 대국으로 번성한 현재의 전후 민주주의 일본은 유엔이 주도한 도쿄 재판의 기초 위에 설립된 것이라고 말할 수 있다. 다시금 쑨원의 「대아시아주의」 연설의 대목을 상기할 필요가 생졌다. 일독을 권한다.

이 책의 출판을 일본학총서로서 간행토록 허락해 주신 공로명 한림대학교 일본학연구소장께 감사를 드리며, 실무에서 수고를 아끼지 않은 한미정께도 감사를 드린다.

2005년 11월 1일

박종현

지은이 **다이지타오**(戴季陶, 1891~1949)

중국 쓰촨성 출생. 1905년 일본에 유학, 1910년 『상하이일보』와 『천택보』의 기자가 되어 이름을 떨치기 시작했다. 1911년 쑨원과 만난 후 비서가 되어 쑨원의 일본 방문 시 통역을 담당했다. 1924년 쑨원의 부름으로 광저우에 가서 국민 혁명에 참여하고 국민당의 중앙집행위원, 정치위원 등을 지냈다. 1927년 일본을 방문하여 평화 합작을 주장하는 공개 연설을 가지고 귀국한 뒤 『일본론』을 저술하여 1928년 출간했다. 또한 불교 신자였던 그는 인도에 관심을 가져 간디, 네루와도 교류를 맺었다. 1949년 광저우에서 음독자살로 생을 마감했다. 이 책 『일본론』은 정치 · 역사를 포함한 일본론의 고전으로 평가받고 있으며 이 밖의 저서로는 『제3차 평화회의 연구』(1912), 『세계 시국관』(1914), 『청년의 길』(1928) 등이 있다.

역자 박종현(朴鍾玄)

1952년 전주 출생. 서울대학교 사범대학 역사교육학과 졸업 후 일본 교토대학교 대학원 문학연구과 동양사 전공 석사 및 박사 과정 졸업, 문학박사 학위 취득. 일본 도쿄대학교와 미국 몽클레어주립대학교 교환 교수를 지냈고, 현재 경상대학교 사회교육학부 역사교육 전공 교수로 재직 중이다. 『청말 정치사 연구』, 『중국 역사의 이해』(공저) 등의 저서와 『중화민국사』 등의 역서가 있다.

한림신서 일본학총서 발간에 즈음하여

1995년은 제2차 세계대전이 끝나고 우리나라가 일본 식민지에서 해방된 지 50년이 되는 해이며, 한 · 일간에 국교정상화가 이루어진 지 30년을 헤아리는 해이다. 한 · 일 양국은 이러한 역사를 되돌아보면서 앞으로 크게 변화될 세계사 속에서 동북아시아의 평화와 번영을 추구해야 하리라고 생각한다.

한림대학교 일본학연구소는 이러한 역사의 앞날을 전망하면서 1994년 3월에 출범하였다. 무엇보다도 일본을 바르게 알고 한국과 일본을 비교하면서 학문적 · 문화적 교류를 모색할 생각이다.

본 연구소는 일본학에 관한 자료를 수집하고 제반 과제를 한 · 일간에 공동으로 조사 · 연구하며 그 결과가 실제로 한 · 일 관계 발전에 이바지할 수 있도록 노력하고자 한다. 그러한 사업의 일환으로 여기에 일본에 관한 기본적인 도서를 엄선하여 번역 출판하기로 했다. 아직 우리나라에는 일본에 관한 양서가 충분히 소개되지 못했다고 느껴지기 때문이다.

본 연구소는 조사와 연구, 기타 사업이 한국 전체를 위해야 한다고 생각하며 한 · 일 양국만이 아니라 다른 여러 나라의 연구자나 연구 기관과 유대를 가지고 세계적인 시야에서 일을 추진해 나갈 것이다. 그러므로 누구나 열린 마음으로 본 연구소가 뜻하는 일에 참여해 주기를 바란다.

한림신서 일본학총서가 우리 문화에 기여하고 21세기를 향한 동북아시아의 상호 이해를 더하며 평화와 번영을 증진시키는 데 보탬이 되기를 바란다. 많은 분의 성원을 기대해 마지않는다.

1995년 5월

한림대학교 일본학연구소

한림신서 일본학총서 84

일본론

초판인쇄 ▪ 2006년 9월 13일
초판발행 ▪ 2006년 9월 20일

지 은 이 ▪ 다이지타오
옮 긴 이 ▪ 박종현

발 행 인 ▪ 고화숙
발 행 처 ▪ 도서출판 소화
등 록 ▪ 제13-412호
주 소 ▪ 서울시 영등포구 영등포동 7가 94-97
전 화 ▪ 2677-5890(대표)
팩 스 ▪ 2636-6393
홈페이지 ▪ www.sowha.com

ISBN 89-8410-306-3 94080
ISBN 89-8410-105-2 (세트)

잘못된 책은 언제나 바꾸어 드립니다.

값 7,200원